JN045860

六曜社珈琲店
営業中

初代・奥野實（昭和23年頃）と八重子（昭和34年頃）

（前ページ）三条河原町通りに面する、六曜社の外観。右の扉が三代目・薫平が営む1階店。左の階段を降りると、實の三男・修の地下店がある

# 京都・六曜社三代記
# 喫茶の一族

# はじめに

「日本でいちばんコーヒーが好き」と称される街、京都。そこで半世紀以上も愛されている喫茶店が「六曜社珈琲店」だ。

ビルがひしめく河原町通に面して営業している小さな喫茶店。1960年代にはとがった学生運動家や芸術家が多く出入りし、東京・新宿にかつてあった伝説の喫茶店になぞらえて「東の風月堂、西の六曜社」と言われたこともある。

開店は敗戦から5年経った1950年。海の向こうの旧満州（現在の中国東北部）で出会った奥野實（みのる）・八重子（やえこ）夫妻が、現在の河原町通三条下ルで営業を始めた。以来、家族経営で代を重ねている。

京都では「スマート珈琲店」や「築地」「フランソア喫茶室」のように1930年代の「カフェー文化」を体現する喫茶店が健在だが、六曜社は、戦後のいわゆる街の喫茶店として変わらぬ部分を守りながら緩やかに進化を続け、「100年続く喫茶店」

に向かって歩んでいる。

六曜社の営業形態はちょっと風変わりだ。

1階の店舗と地下の店舗は、入口もメニューもそれぞれ独立している。ブレンドコーヒーはいずれも1杯500円（2020年8月現在）だが、使用する珈琲豆は別だ。定休日は一緒だが、営業時間もサービスも違う。

1階の店（以降、1階店）は、どちらかと言えば「王道喫茶店」といった趣。木のぬくもりと青緑色のタイルに囲まれた店内は、まるで応接間のよう。営業は朝8時半から夜10時半まで。コーヒーやジュース、トーストのほか、モーニングセットもある。スポーツ紙を含む新聞各紙がそろい、古参の常連客からサラリーマンに学生、観光客までと客層は幅広い。ローチェアのテーブル席が35席。混み合うときは相席をお願いする「相席文化」が残っているのは、京都では六曜社ぐらいだろう。「昔は女の子と知り合うために店に通ったもんや」と、ある常連客が懐かしむ。女性店員の行き届いたサービスには品があり、ゆったりと寛げる。現在は創業者の孫、薫平（くんぺい）が女性店員約10人の先頭に立って、この店を切り盛りする。

いっぽう、六曜社地下店（以降、地下店）は、隠れ家的な雰囲気で、「いちげんさん」にはちょっと入りづらいかもしれない。1階店よりもやや狭く、カウンター14席と3卓のテーブル席がある。正午開店で、自家焙煎ブレンド2種と産地別のコーヒーも揃える。こちらは創業者の三男・修（おさむ）が担い、妻の美穂子（みほこ）とともに店に立つ。修は六曜社にコーヒーの自家焙煎を取り入れた人物で、今も毎晩、店を終えると焙煎小屋にこもる。店ではカウンターの中に立ち、注文ごとに豆を挽き、コーヒーを淹れる。修のコーヒーと美穂子が毎日自宅で作る1個160円の素朴なドーナツが店の2大名物で、ドーナツは1階店でも注文できる。

地下店にはもうひとつの顔がある。喫茶の営業時間が終わると、地下店はバー営業となる。店主もメニューもガラリと入れ替わり、バーテンダーとして店に立つのは創業者の長男、隆（たかし）だ。1階店と、地下の喫茶とバー。いわば3つの顔がある六曜社は、それぞれ奥野ファミリーの個性的な面々によって独自の色合いを持つ。

店主それぞれの個性が共存する六曜社独自のありかたは、どのように培われていったのか。その秘密を解くために、六曜社の誕生から今に至る道のりをたどると、決して平坦ではない歩みが見えてくる。これまで雑誌やテレビなど数多くのメディアに取り上げられ、京都では知らない人はいないとさえ言えるほどの知名度を誇る店だが、その裏で繰り広げられた家族の苦悩や格闘の数々について、これまで語られることはなかった。家族経営であるがゆえに、ときにぶつかり合い、存続が危うくなったこともある。そうした危機をどのように乗り越え、代をつなぐことができたのか。

現在、家族経営の古い喫茶店がおかれた状況は厳しい。店主の高齢化や跡継ぎ問題、チェーン店の攻勢に直面し、愛すべき店が次々と幕を下ろすなか、六曜社の軌跡をたどることで、この苦境を打開する手がかりを見いだすことができるかもしれない。

まずは六曜社前史から。舞台は、終戦間もない海の向こうの大陸。そこで2人の男女が出会うことから始まる。

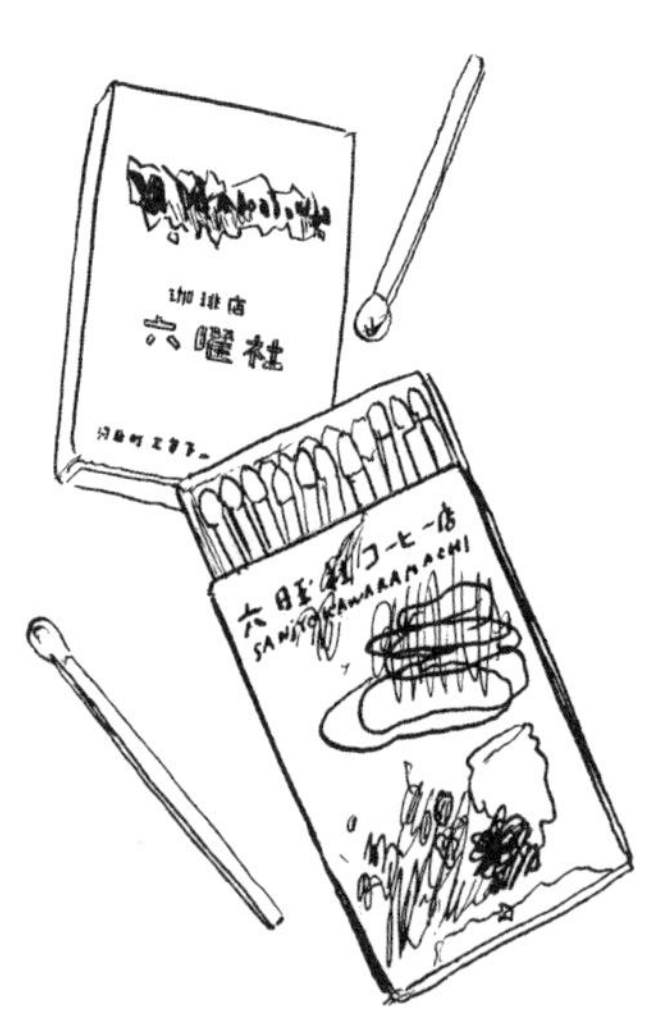
珈琲店
六曜社
コーヒー店

取材・文　樺山聡
写真　小檜山貴裕
イラスト　北林研二
ブックデザイン　横須賀拓
構成　編集部

# 出発／八重子

## 珈琲の屋台

敗戦翌年の1946年。旧満州の古都、奉天（現在の瀋陽）に、小沢八重子はいた。20歳。石とレンガの街を友人と歩いていると、場違いな屋台がひとつあるのに目が止まった。

「小さな喫茶店」

日本語の看板。どうも日本人の店らしい。祖国でも流行ったタンゴの曲名にちなんだ店名だろうか。

「コーヒーを出す屋台なんて聞いたことがないわ。満州で日本人が商売をするのは認められていないはずなのに……」

日本の傀儡政権だった満州国は敗戦で崩壊。日本人にとっていわば「四面楚歌」の地で、しかも人目につく道端で、堂々と日本語の看板を掲げて屋台営業する大胆不敵さに驚いた。友人と恐る恐る中をのぞく。カウンターには日本人の男がひとり、立っている。

しばらく遠ざかっていたコーヒーの香りが、不審がる気持ちを押しのける。八重子

仏頂面の若い男は、黒く満たした
グラスをすっと目の前においた。
「いっぺん炊いてあるから大丈夫ですよ」
屋台は、辺りにあった木材で男が
ひとりでこしらえたという。
COFFEEHOUS
小サナ
喫茶店
営業中
湯はアルコールランプや、練炭を
使うロシアのサモアールを使って
沸かしてた。物がなかったから
ズロースでドリッパーを作った
こともあったわ。かえって
おいしかったかもなあ。

と友人は、思い切ってカウンターに腰掛けてみた。

「あの……、アイスコーヒーを下さい」

仏頂面の若い男は、黒く満たしたグラスをすっと目の前においた。

「いっぺん炊いてあるから大丈夫ですよ」

こちらの衛生面に対する不安を察してか、男はぼそっと呟いた。渇いた大陸の空気のなか、氷が涼やかな音をたてながら浮いている。水滴がしたたるグラスを手にするたび、豊かな歓びが呼び起こされ、平和だった頃の記憶がよみがえってくる。

## 戦争が始まった

八重子は1925年、東京・代々木上原で生まれた。渋谷区の富谷小学校に通っていたが、8歳のとき、父・小沢八十八(やそはち)が満州航空に勤めることになり、一家は、「王道楽土」を標榜して大陸に生まれたばかりの満州国へ渡った。冬は日本と比べものにならないほどの寒さに参ったが、凍った路上でスケート靴を履いて遊ぶのは楽しかった。奉天で女学校を卒業し、1942年からジャパン・ツーリストビューロー（現在の日本交通公社）奉天支社の人事課で働いた。仕事が終わると同僚と街の喫茶店に出か

八重子は1925年、東京・代々木上原で生まれた。
渋谷区の富谷小学校に通っていたが、8歳のとき、
父・小沢八十八が満州航空に勤めることになり、
一家は、「王道楽土」を標榜して大陸に生まれたばかりの
満州国へ渡った。

け、好きだったコーヒーの味を楽しんだ。

１９４４年、八十八が転勤となり、母・てい、３歳下の妹貞枝、８歳下の弟照夫と家族５人で首都の新京（現在の長春）へ。太平洋戦争のまっただ中であったが、本土に比べればのどかで、日常生活にそれほど変化はなかった。しかし終戦間近の１９４５年８月９日、ソ連が日本との中立条約を破棄して満州に侵攻した途端、突然、穏やかだった日々に亀裂が入った。

20歳になろうとしていた八重子がある日、たまたま奉天で勤める叔父・由蔵の家へ遊びに行っていたところ、八十八から緊急の連絡が入った。

「今すぐ帰ってこい。攻撃が始まる」

慌てて新京の家に帰った。新京駅は、荷物を抱えて疎開を急ぐ人々でごった返している。事態は緊迫していた。

「母さんとお前はこれから直ちに宣川へ疎開しろ。少しでも早く出て」

家に着くなり、こわばった声で八十八はそう告げた。母と女２人での疎開行に大きな不安を覚えるも、ためらっている暇などないことは父の表情から理解できた。17歳の貞枝は既に軍の部隊について釜山へ向かい、12歳の照夫は父と同行することに。家族がばらばらになってしまう恐怖を押し殺しながら、父の同僚の家族と一緒に、屋根のない列車、いわゆる「無蓋車」に乗って大陸をひたすら南下した。

窓のない列車の中、空ばかり見上げた。どこをどう走っているのかもわからず、雲だけが過ぎていく。どれだけの時間が経ったのだろう。長い長い旅の果てに、ようやく朝鮮半島北部の宣川という町に到着した。寺院のような場所までなんとか歩いて行くと、親日家の朝鮮人から真っ白なおにぎりが手渡された。久しぶりの白米にかぶりつく。

「この先どうなるのかしら」

母と不安な一夜を過ごした。

明けたその日が8月15日だった。

「日本が戦争に負けたらしい」

周囲の人々が騒いでいる。戦争は終わった。しかし、それは八重子たちにとって、苦しい日々の終わりではなく始まりだった。

## 飢えを知る

一行は近くの宣川農学校という場所に移された。学校の周りには囲いができている。夏とはいえ、大陸の夜は肌寒い。その夜からは、教室の床で毛布にくるまって寝た。毎日のように、乳飲み子が餓死している。夏の日の盛り、小さな遺体を入れたスーツケースや行李（こうり）が外に運ばれていく光景を校舎の窓から何度も見つめた。八重子も栄養失調で体がむくみ、足が重くて動けなくなった。こんなにひもじい思いをしたのは、生まれて初めてのことだ。

生活の糧を得るため、八重子は朝鮮人が営む近くの写真館を手伝い始めた。親切な店主夫婦は、我が子のように八重子を世話してくれた。

「わたしの息子は東京の歯科大を卒業したの。その後日本人と結婚したんだけど、戦争でこちらに帰ってこられなくなってね……」

苦しい生活のなかでの心温まる交流。八重子は1カ月ほど、この店に通った。

この宣川農学校には、作家の藤原ていも疎開していた。戦後、藤原が旧満州からの脱出行をつづったベストセラー『流れる星は生きている』〔※1〕によると、宣川農学校の校舎には300人ほどの女性や子どもが避難して来たという。当時の様子を藤原はこう記す。

「学校の裏では男たちが炊事場を作っていた。急ごしらえのかまどを築き、釜を置き、協同炊事が始められた。大豆と白米半々ぐらいに炊いた握り飯が一日二回配給された。

この大豆がわるかったらしい。子供はほとんど全部お腹をこわし、大人でも、大部分の人がいやな下痢に見舞われた」

## 満州脱出

つらい農学校での日々がついに終わる日がやってきた。新京行きの満州航空専用列車が出るのだという。出発の日、写真館の夫妻は駅まで見送りに来て、泣きながら別れを惜しんでくれた。しかし、八重子は涙が出なかった。何度も人の死に直面し、空腹が続くなか、感情の動きが止まってしまっていた。新京に残った父やほかの家族については、居場所どころか、生死すらもわからない。

「乗ったはいいけど、どこで降りようか」

母のていと相談し、いちかばちか、叔父・由蔵の社宅があった奉天駅で途中下車することにした。駅に到着したのは夜。下車すると、駅に中国人が大勢押しかけて来た。

「強奪に遭いませんように……！」

下手に動くのは危険と判断し、ひと晩を駅構内でじっと過ごした。ひたすら夜明けを待ち、結局一睡もできぬまま、空が白むと同時に、由蔵の家があった辺りへと走った。

由蔵の家は以前と変わらずあった。すかさず扉を開けると、由蔵一家だけでなく、父の八十八と弟の照夫がいた。妹の貞枝も無事で、先に日本への引き揚げ船に乗ることができたらしい。

「本当に、本当に、無事でよかった……」

涙の再会。膝から崩れ落ちるように安堵する。人のよい八十八はロシア人から「パパさん」と慕われ、特に難なく新京から奉天に来られたとのこと。数カ月ぶりに見た父の顔が、もう何年も会っていなかったように感じた。小沢家は由蔵宅に間借りさせてもらえることになり、再び奉天での暮らしが始まった。

八十八が勤めていた満州航空は敗戦で消えた。家族が暮らしていくために、八重子は中国人が経営する居酒屋で働くことにした。敗戦国の日本人に中国人は冷たかった。嘲笑、罵倒……。人を人とも思わない扱いに、いつ辞めるかばかりを考えていた。

ある日八重子は、街で出くわした中国人に強引に家へ連れ込まれた。もみ合いながら必死に抵抗していると、男は顔をしかめて身を離した。何日も風呂に入ることすらできず、体臭がきつくなっており、それが我が身を守る武器になったようだ。いつまでこんな日々が続くのか。無法地帯で暮らすような毎日。精神状態は限界に達しようとしていた。

「いざとなれば、いっそ死んだほうがまし」

友人からもらった青酸カリの紙包みをいつも胸ポケットに忍ばせていた。

## のるかそるか

常に死を意識するようなギリギリの日々のなかで出合ったのが、屋台〔小さな喫茶店〕だった。

屋台は、辺りにあった木材で男がひとりでこしらえたという。高さは3メートル近くあるだろうか。ちゃんと屋根まである。ただ、店といってもお客さんが4、5人も入ればいっぱいになるカウンターと椅子のみ。八重子が訪れるときは決まって、ほかに客はいない。店を営む日本人の男は無愛想だが、ネルドリップで丁寧に淹れられたコーヒーの味に、つらい日々を束の間忘れることができる。いつしか八重子にとって、そこは砂漠の中のオアシスのような場所となった。そこに立っていた男こそが、のちに八重子の夫となる奥野實だった。

コーヒーと喫茶についての小冊子『甘苦一滴』〔※2〕に、当時を語る實のインタビュー記事がある。

「湯はアルコールランプや練炭を使うロシアのサモアール（喫茶用金属湯沸かし器）を使って沸かしてた。物がなかったからズロースでドリッパーを作ったこともあったわ。かえっておいしかったかもなあ」

季節が移り、夏の終わりを肌で感じるある日。八重子は勤め先の居酒屋へ向かう途中、路上でひとりの男に呼び止められた。見覚えのない日本人の男だった。

「今度喫茶店をやるんですけど、あなた手伝ってくれませんか」

唐突な申し出で、すぐに意味が飲み込めなかった。驚きと不信感をあらわにすると、その男は、小さな喫茶店でコーヒーを淹れていた男の友人だと名乗った。屋台の男に頼まれ、この道に立って何日も八重子を待っていたとのこと。

「そんなこと、急に言われても……」

勤め先では、日本人というだけでことあるごとに侮辱され、嫌気がさしていた。渡りに船の話ではあったが、道端の男が本当に友人なのか、確信が持てない。そもそも、小さな喫茶店の男とはほとんど言葉を交わしたことがないのだ。返事をためらっていると、男はたたみかけてきた。

「頼みを聞いてくれたら、チャイナドレスを作ってあげます」

意味がよく飲み込めなかったが、まあ、熱意だけは伝わってくる。どの道、今よりわるくなることはないだろう。ドレスが決め手というわけではないが、八重子は腹をくくった。

「日本人がやってる店なら、行きます」

そのまま男に連れられて行った先には、確かに何度か見た屋台の男がいた。屋台営業が当局に知れたのか、もしくは、寒さが厳しい大陸の冬に備えてか、今度は知り合いの中国人の名を借りて、一軒家を改装した店舗を手に入れたようだった。店の名は「レインボウ」。お客さんが10人ほど入るこぢんまりとした店内では、手回しの蓄音機からクラシックが流れていた。

## 運命の出会い

八重子は、レインボウのウェイトレスとして働き始めた。かつて屋台を営んでいた男が奥野實という名だということは、このときになって初めて知った。八重子より2歳上の22歳。ガタイはいいが心臓に弁膜症を抱えているらしく、いつも青白い顔をして、歩いていてもしゃがみ込むことがあるほどだった。とにかく無口で、店で一緒にいても自身のことはほとんど語らない。

店に出入りする實の友人から断片的に聞いた話では、京都の西陣で丁稚がいるほど手広く商う生糸問屋の次男坊だという。兄が家業を継いだため、１９３９年に学校を卒業後、単独で満州に渡り、商社で働いた。戦争で職を失い、困ったあげくの屋台稼業だったようだ。敗戦後の混乱のなか、軍が放出した焙煎済みの豆を調達し、夏のいち時期に屋台を出し、残留日本人相手に商売を始めたとのこと。数回しか会ったことがない自分を、人を使って何日もかけて捜し出してくれた理由はわからないまま。ことさら聞くのもためらわれた。結果的に實は八重子をつらい境遇から救い出してくれたわけで、ただ日々を生き抜くことが最優先の今、その疑問は些細なことでしかなかった。

「不思議な人だけど、まあいいか」

職場環境は以前よりも格段に恵まれていた。チャイナドレスの約束は結局うやむやに終わったが、混沌のなかで生きる道筋を与えてくれた恩人に、八重子は徐々に心を許していった。

職を失った八十八はミシン修理などを請け負い、一家はほそぼそと食いつないでいた。レインボウの窓からは、日本へ引き揚げる人々を日に日に見かけるようになる。ある日八重子は、店を訪れた中国人客から「妻になってほしい」と強引に言い寄られ、考え込んでしまう。家族と帰国するか、大陸に残るか。そろそろ決断すべき時期が迫っていた。

揺らぐ八重子の気持ちを察してか、店で2人きりのとき、實からいきなり結婚を申し込まれた。またもや唐突な申し出に絶句すると、こんなことを言われた。

「ほかにも候補はたくさんいるんやけど」

照れ隠しなのか、ぶっきらぼうな口ぶり。

「ひと言余計だわ」

内心むっとしながらも、中国語を自在に操り、ロシア語まで学ぶ機敏さで敗戦の混乱を生き抜く實は、八重子にとって頼もしい存在であることに間違いなかった。この人となら、やっていけるかもしれない。八重子は、實と人生を歩む決意をした。

レインボウの窓からは日本へ引き揚げる人々を
日に日に見かけるようになる。店で2人きりのとき
實からいきなり結婚を申し込まれた。
「ほかにも候補はたくさんいるんやけど」

## 新天地、京都へ

婚約した2人は早速将来について話し合い、實の故郷である京都へ移り住むことに決めた。八重子は家族に婚約の報告をし、みなにも早めの帰国を促した。1946年8月。折よく實の友人の佐野という男が、近く帰国する予定だという。店の後始末がある實を大陸に残し、八重子は佐野とともに、ひと足先にひとりで日本へ引き揚げることとなった。

「すぐ後を追うから」

實のその言葉をよすがに、八重子は引き揚げ船に乗り込み、南西の葫蘆島（ころとう）を出発。家族とともに12年住んだ満州を後にした。数日後、長崎県佐世保に上陸。京都府の綴喜郡有智郷村（つづきぐんうちごうむら）（現在の八幡市）にある佐野の実家に身を寄せた。

1週間、1カ月……。「すぐに来る」はずの實はなかなか帰ってこない。慣れぬ関西の地、しかもほぼ無一文で、佐野の家に長居するのは忍びない。ちょうど妹の貞枝が千葉の親戚宅で世話になっていると知り、八重子も一旦そこに移った。

日本に着いて3カ月後。ようやく實から、帰国の連絡が届いた。八重子は再び荷物をまとめ、すぐに實が指定した京都の喫茶店へと向かった。今度こそ、2人の新生活が始められる……！

指定の店は地下にあった。はやる気持ちで扉を開けると、タイル張りの床なのに、奥には暖簾（のれん）がかかっている。

「なんだか風変わりな店ね」

初めて入る喫茶店のちぐはぐな様子は、實を前にした途端、すぐに後景に遠ざかる。

「よくぞご無事で。お変わりなく……」

あまりに久々の再会に、思わず他人行儀な言葉になってしまう。矢継ぎ早に大陸で別れてからの日々を尋ね、引き揚げからの出来事を報告する。帰国が遅れた理由を訊いても、實は多くを語らない。あきれつつも、面と向かって言葉を交わすうちに疑念や不安は薄れ、親密さを取り戻す。暖かい喫茶店でコーヒーカップを並べる幸せに浸った。

翌日、2人は實の両親に会い、婚約を報告した。その後「学問の神様」として知られる北野天満宮にお参りし、それが2人の結婚式となった。着の身着のままで大陸から帰国した引き揚げ者。豪華な式を挙げる余裕などない。終戦間もない当時、そんなことはざらだった。甘い新婚生活は望めないが、互いに手を携えて、この混沌の時代を乗り越える。そんな同志的な絆を夫との間に感じた。市内に住む實の兄の家に間借りし、新婚生活が始まった。

實は、京都でも喫茶店を営もうと考えていた。河原町通三条のビルの2階に空き店舗を見つけると、すぐに借りる算段をつけて来た。翌年の正月、ついに八重子の両親と照夫が帰国した。八重子は實の了解を得て、妹の貞枝を含む家族全員を京都に呼び寄せる。

「みんなには店の上階にある2畳ほどの小部屋で寝泊まりしてもらうことにして、一家で商売をやりましょうよ」

その物件は、元は「コニーアイランド」という喫茶店だった。

## 一家総出で店をやる

京都の喫茶の歴史は長い。明治時代に入ると、外国人が増加し、京都のホテルや旅館で西洋料理を提供するようになる。そこでコーヒーが出されていたようだ。明治中期には西洋料理店が四条河原町周辺に生まれていたことが当時の新聞広告からうかがえる。明治から大正にかけての電話帳をめくると、西洋料理の記述とともに「カフェー」「喫茶」と書かれた店が確認できる。時代が進むにつれ、とても高価だった洋食やコーヒーが徐々に庶民にも手が届くようになり、広がりを見せていく。

谷崎潤一郎が明治45年に書いた『朱雀日記』〔※3〕にこんな記述がある。「案内されたのは、麩屋町(ふやちょう)の仏国料理萬養軒と云ふ洋食屋である。近来京都の洋食は一時に発達して、カツフエ・パウリスタの支店までが出来たさうな」

ここにあるカツフエ・パウリスタとは、明治44年に東京・銀座で開業した「カフェーパウリスタ」のことだろう。ブラジルコーヒーの普及のためにブラジル政府の協力で生まれたとされるこの店は全国展開したという。

戦前から今も京都で営業を続ける喫茶店としては、パリのカフェをモデルに昭和5年に誕生した「進々堂 京大北門前」、昭和7年に「スマートランチ」として始まり、美空ひばりも足を運んだという「スマート珈琲店」、ともに昭和9年創業でウィンナーコーヒーが名物の「築地」と「フランソア喫茶室」がよく知られる。いずれも戦後になって営業を再開したが、コニーアイランドは戦時中のどさくさで閉店してしまったようだ。

京都は空襲被害がほとんどなく、東京や大阪に比べれば、表向きは落ち着いていた。

とはいえ、河原町通の近くにはまだ闇市のバラックが立ち並び、京都の人々にも長い戦争による疲労感が漂う。コニーアイランドは大通りの河原町通に面してはいるが、なかなかの様子が分かりづらいビルの2階という立地条件は、必ずしも喫茶店として良好とは言えない。以前の店は客が入らなかったからやめたという噂すらあった。

しかし實は店名を変えることもなく、そのまま奥野家によるコニーアイランドとして店をスタートさせた。

豆の調達や焙煎などコーヒーに関する仕事はすべて實が担う。戦時中、贅沢品として禁じられていたコーヒー豆の輸入はまだ再開されておらず、實は闇市で生豆を調達した。進駐軍の関係者とみられる客が店に入って来ると、大急ぎで豆の缶を隠す。どこかで特注したらしき大きな寸胴鍋に生豆を入れ、手で回しながら豆を煎る。豆を粉砕し、ネルでコーヒーを淹れる。亭主関白な實は、いつも仏頂面で店のカウンターの奥に陣取った。

ウェイトレスとして客の注文を受けるのは、八重子と貞枝だ。

「お客さんに愛想よく振る舞うのはわたしたちの仕事」

2人はそう心得てホールに立つ。八十八は毎朝店の掃除、ていは厨房で皿洗い。照夫はまだ中学に通っていたので、雑用をときどき手伝う。文字どおり一家総出で、喫茶店を営んだ。

しかし、客足は芳しくない。八重子はレジの前で座り、黙って本を読む日々がしばらく続いた。

「うどん屋でもしよか」

利益率がより高い商売への乗り換えを考えるほどだった。どんなにわずかな売り上げでも、店舗の紹介人の妻が定期的に集金に訪れた。紹介人は實が以前勤めていた会社の社長で、無下にもできないらしい。レジから売り上げの一部を手渡すたび八重子は不満を漏らしたが、實は苦笑いしていた。

「ひどいな。でも昔、世話になったから」

## 長男誕生

1948年1月の深夜。京都市内にある實の実家の2階で、八重子は陣痛に苦しんでいた。産婆付き添いのもと、初産の八重子は大声をあげて泣きわめく。翌日、奥野家に待望の長男・隆が誕生した。

妊娠していることがわかると、實と八重子は間借りしていた實の兄宅から實の実家へと住まいを移した。隆が生まれてから、八重子は子育てに追われ、時々しか店に入れなくなった。

開店から1年ほど経ち、閑古鳥が鳴いていたコニーアイランドにも徐々に客が増えてきた。長い戦争でコーヒーの味に飢えていた大学教師や学生が店を訪れるようになったのだ。なかでも同志社大学に通う「同志社ボーイ」が多かった。

人手が足りなくなってきたので、ウェイトレス第1号として大森冴子という女性を雇った。面接のとき、さえこは滋賀県草津の実家に住み、家族を養うために中学を出てからずっと働いていると明かした。

「母と、子ども2人を抱えた出戻りの姉と一緒に暮らしているの」

苦労の多い人生とは裏腹に、彼女は実にお喋りが上手で、快活で客から人気があった。

「わたしは同志社ボーイとしかつき合わへん」

そう豪語する冴子はなにしろ人づき合いがいい。京都大学出身の作家、小松左京は「ほくろのおねえちゃん」と呼んで冴子をかわいがったという。彼の短編小説『哲学者の小径』〔※4〕に、六曜社がモデルとおぼしき店を登場させているが、そこに、冴子や貞枝らしき人物が登場する。

「河原町三条をちょっとさがった所にある、地下の喫茶店にはいって行くと、二人はまだ来ていなかった。――その喫茶店は、私たち三人が学生だったころ、しょっちゅうコーヒーいっぱいで午後から夜おそくまで粘ったところだった。（中略）その喫茶店には、私の学生当時からいた女性が二人もいた。四、五年前、その店に立ちよって、つとめて何年になるかきいた時、

『八年よ』

と答えていた。――私がはじめてその店にたちよったのは、十代の終りごろだったが、そのころも、今とまったく同じ若々しい顔をして同じようにひっそりと働いていた」

小松をはじめ、コニーアイランドや六曜社には後世に名を残す人物が多く訪れた。俳優として活躍する田村高廣（たかひろ）や、二谷英明（にたにひであき）。京都大学教授を経て京都文化博物館の初代館長を務めた科学史家の吉田光邦（みつくに）も常連になった。幼くして両親を失い、京都の親族の元で育った俳優の田宮二郎は、京都の鴨沂（おうき）高校時代から店に通い始め、学習院大学に入学してからも、たびたび京都に戻っては店に出入りした。冴子は田宮のことを

本名で「吾郎ちゃん」と呼ぶ仲で、田宮にお金を貸したこともあったという。

客に愛される看板娘が生まれ、常連客がつき、店が少し軌道に乗り始めた矢先、大家から退去を求められた。

「うちが流行りだしから、自分たちで喫茶店をやるつもりだわ」

八重子は不満を漏らした。

「言うてても仕方ないやろ。次を考えよ」

實は自らに言い聞かせるように言った。

すぐに別の空き店舗を探したところ、コニーアイランドが入るビルのすぐ南隣にあった地下の喫茶店が居抜きで使えるとの情報を得た。

偶然にもその店は、遅れて帰国

した實と八重子が再会を果たした「風変わりな」喫茶店だった。

## 六曜社誕生

1950年、奥野一家は2年ほど営業した喫茶店コニーアイランドから隣の一軒家の地下への移転を余儀なくされた。八重子は、實と再会を喜び合った喫茶店から再出発することに、どこか運命めいたものを感じていた。その喫茶店は、「六曜社」という名で戦前から営業していたという。その店名は、六人の女性が経営していたことに由来すると言う人もいた。以前までのコニーアイランドは大家がそのままの名前で営業を引き継ぐということだったため、新しい店に同じ名を使うことは許されない。新たな店名をつける選択肢もあったはずだが、實はぽつりと言った。

「六曜社のままでいこか」

またしても、店名を変えずに引き継ぐこととなった。八重子も同意した。實も八重子も、鷹揚に構えたところがある。八重子は六曜社という名を密かに気に入っていた。リゾート地っぽくモダンなコニーアイランドもよかったけれど、大安や仏滅といった暦の「六曜」を連想させる、どこか神秘的な響きもいい。敗戦の窮地を生き抜いた夫の判断に任せればきっと大丈夫……八重子は自らに言い聞かせる。六曜社からの新たな出発。實は27歳、八重子は25歳だった。

移転と同時に、奥野一家は市内中心部の小さな一軒家に引っ越した。コニーアイランドの2階に住んでいた家族と同居するためと、八重子が第2子を妊娠したからだ。照夫は就職し、家を離れた。店へは歩いても通える距離で、通勤は楽になった。その年の10月、八重子は次男ハジメを出産。2年後の1952年には三男の修が生まれた。3人の息子の子守りは同居する八十八やていに頼めるので、産後でも八重子は實と交代で店に入り、自らもコーヒーを淹れるようになった。コニーアイランド同様、貞枝とさえこがウェイトレスとして立った。

## 河原町のにぎわい

戦争の記憶が遠ざかるとともに、河原町通はかつての輝きを日に日に取り戻していき、京都で随一のモダンな界隈となっていった。昭和30年代、六曜社がある河原町三条から西に伸びる三条名店街にアーケードが設置され、その天蓋中央には蛍光灯が取り付けられ、夜は辺りを華やいだ雰囲気に照らし出した。

この頃京都では河原町通を散歩することを、東京の銀座を歩く「銀ブラ」にならって「河ブラ」と呼び、灯りに照らされた名店街は会社帰りのデートコースになった。

1950年、六曜社開店と同時にコーヒー豆の輸入が再開された。とはいえ、コーヒー豆はいまだ入手困難な貴重品。調達には苦労した。コーヒーの代わりにアイスクリームを販売する喫茶店もあったと八重子は記憶する。

實が頼りにしていたのは「小川珈琲」創業者、故・小川秀次だ。小川は出征したパプアニューギニア東部のラバウルでコーヒーに出合い、現地の情報にも通じていた。1952年には、京都でコーヒーの卸売りを始め、のちに小川を含む3人の社員がバイクで営業に回った。バイクの後ろの荷台に木箱を積んで、焙煎した豆を配達していたそうだ。實も小川からコーヒー豆を買い、コーヒーについてあれこれ情報交換する仲となっていった。實の次男、ハジメは父の言葉を覚えている。

「番頭と2人で、よく自転車ひいて売りに来てたっておやじが話してたな。いろんな注文を聞いてくれるから店のコーヒー豆は小川に頼んで、それから長年、つき合いが続いたと」

『値段史年表』〔※5〕によると、1950年当時のコーヒー1杯（東京の喫茶店）の相場は30円。六曜社もほぼそれぐらいだったとみられる。ちなみに同書によるとサイダー1本（340～350㎖）は48円。1951年の京都市電の普通大人乗車賃（均一制）が10円だから、コーヒーは今よりもずいぶんぜいたく品だったようだ。

六曜社からほど近い寺町通二条上ルで書店［三月書房］を営む故・宍戸恭一も、奥野夫妻の大切な友人だった。京都市で生まれた宍戸は、慶應大学経済学部の学生だった1943年に学徒動員で海軍に入隊。赴任地のジャワ島にあったホテルで本格的なコーヒーに出合う。

「それまでのコーヒーは代用品ばかり。自分が飲んでいたのは偽物の味だったと知った」

宍戸は終戦で帰国し、東京で共産党に入党。その後京都の実家に戻り、1934年に木屋町で開業した［フランソア喫茶室］の一部で開かれた［ミレー書房］の経営を担った。フランソア喫茶室は、美学校出身の労働運動家、立野正一が創業。店内には反ファシズム紙『土曜日』がおかれ、左派の拠点になると同時に、数多くの芸術家や文化人が集った場所として知られている。バロック式のドームのような欧風の内装は2003年に国の登録有形文化財に指定され、現在も営業を続ける。宍戸は5年ほどミレー書房を経営したのち、三月書房の店主となった。六曜社と同じ1950年開業ということもあり、宍戸は毎日のように店に通う常連となった。

## 實の商才

すぐ隣に移転するのだから客足に大きな影響はないとは思いつつ、今度は目立たない地下の店。せっかくつかんだ固定客をみすみす失うことは避けたい。そこで實は、密かに移転告知のハガキを制作していた。常連客にひと言添え書きをしてもらい、知人宛に送ってもらう。

「ハガキ作戦や」

實がそんなハガキを出していたことを、八重子はずいぶん後で知った。

大きな窓から日差しが入ったコニーアイランドとは違って、地下にある六曜社の店内は昼間でも薄暗く、店のムードは大きく変わった。15席ほどの大きなカウンターを中心に、テーブル席が3つほど。實はその空間を生かすべく、大胆に手を加え始めた。床のタイルを木に替えると、それだけで「風変わりな店」だった印象が和らぎ、ぬくもりが生まれた。日光が入らず寒々しいので、ストーブを導入した。店内の壁には、小さな絵画を何枚も飾った。

「絵の趣味はなかったはずだけど……画廊喫茶みたいにしたいのかしら」

無口な實は多くを語らない。夫の大胆な行動に驚きつつ、店のことは任せると決め、八重子は口を出さなかった。

飾る絵はしょっちゅう変わった。画家や美大生が店を訪れるようになり、客層がぐっと広がったのは確かだった。實の対策は効を奏し、移転後は客足が増えるいっぽう。逆にコニーアイランドは、苦戦しているように見えた。

實から絵を依頼された画家に、藤波晃がいる。

「京都生まれの京都育ち。堀川高校に入ってから、六曜社に通い始めた。私服で単位制、今と違い大学みたいで自由だから、朝に六曜社でコーヒーを飲んでから学校に行って。フランス映画が好きだったから、河原町近辺の映画館に毎日のように通って、また六曜社に行って……。他大学の学生やら先生やら、出会いの場でもあった。哲学者の矢内原(やないはら)伊作先生なんかは毎日いたし、作家の堀田善衛(よしえ)や水上勉とも親しくなって」

初期の六曜社の様子を、藤波はそうふり返る。店には、今も藤波晃の絵が4枚飾られている。

## 家族が増える

京都の有名喫茶店といえば、戦後に開店した「イノダコーヒ」が筆頭だ。1940年「各国産珈琲専業卸　猪田七郎商店」として創業、市内の喫茶店に焙煎豆を卸していたが、終戦の翌年に復員した猪田氏が1947年、倉庫に残っていた豆を使ってコーヒーショップを開店した。画家でもあった猪田のセンスあふれる洋風の店内と、「冷めてもおいしい」ように最初からコーヒーにミルクと砂糖を入れる独自のスタイル。その深みのある味わいにはファンが多い。常連が定位置の席に座り、談笑する本店の朝の光景は今も続く。イノダコーヒは、どちらかと言えば、京都の大人の社交場として定着していった。

いっぽうの六曜社は、繁華街の中心という立地もあって、庶民派に位置づけられるだろう。近くの映画館やパチンコ店に来たついでに寄る人もいれば、大学生が待ち合わせに使ったり、サラリーマンが暇つぶしに訪れたりした。作家や記者、学者も多く訪れ、活気に満ちていた。

この頃、店を訪れた客のなかに作家の瀬戸内寂聴もいた。当時彼女は京都の大翠書院という出版社に勤めており、六曜社には何度も足を運んだという。家族で切り盛りするアットホームな店の雰囲気をふり返る。

「最初は同僚に連れて行ってもらって、同人誌仲間とも行ったと思います。デートで男女がこっそりという雰囲気ではなくて、場所全体がおうちの台所みたいな感じで落ち着いてね。いつでもお客さんでいっぱいでしたよ。コーヒー一杯で何時間居ても怒られないし、お高い話はしないいんだけども、大体似たような人がいました。ちょっと文学青年とか絵描きの卵とか、なんとなくお客がそうなるのね。なんせ店の感じがとてもよかったの。コーヒーもおいしかったですしね。奥さん（八重子）の妹さんも店で働いていて仲良くなって、彼女の結婚やらの身の上相談に乗っていたわ。ご主人（實）は非常にさっぱりした人で、ぺちゃくちゃしゃべらないので、ほとんど話したことはなかった。私も、そこらのお姉ちゃんだからね」

寂聴の語りからも、實の無愛想な様子が伝わってくる。いつもカウンターの奥に陣取り、不機嫌そうな顔で座る。注文を受けると、おもむろにコーヒーを淹れる。

「今日はマスターの機嫌、どうや？」

常連客は席に着くなり、テーブルに水を運んで来た八重子にそう尋ねるほど、気難しかった。いつも、こめかみに青筋を浮き立ててイライラした様子。店員になにか指示を出す声は概して小さく、八重子や妹貞枝が1回で聞き取れないと怒り出す。店に出るときは家族同士でも私語を慎み、ピリッと張りつめた空気がスタッフ間に漂う。店内にくまなく注意を払い、気に入らないと厳しく指導する。

「高級ホテルのサービスを意識しろ」

實はそうやって八重子に言い聞かせた。その教えは、お客さんの増加に伴い増えたアルバイトのウェイトレスにも徹底させた。客席に向かって立ち、絶えず目配りする。ミルク入れはお客さんがこぼさないようにカップから5センチほど離しておく。空いた食器、ストローの包装紙やミルク入れはすぐ下げる。お冷が減ればすかさず注ぐ。吸い殻がたまる前に新しい灰皿に替える……。

「接客業はなにより清潔感や」

ことあるごとにそう言う實自身、必ずシャツにネクタイ、ツイードジャケット姿。髪も常にポマードでビシッと決めていた。

店の営業は早朝から22時まで、年中無休。24時まで営業した時期もあった。朝から夕方と、夕方から閉店までの2交代制で實と八重子が中心となり店を回した。實は、常に店内に3人のスタッフがいる体制にこだわった。コーヒー担当ひとり、洗い場ひとり、接客ひとり。貞枝が結婚し家を出てからは、大森冴子のほかにもアルバイト店員を増やした。

## 實の副業

河原町界隈では、どの喫茶店もにぎわっていた。六曜社ではクラシックを中心にジャズやシャンソンのレコードをかけた。レコードはまだ高価で自宅で気軽に聴ける時代ではなく、レコード目当ての客も多かった。曲のリクエストにも応じたが、狭い店内はおおむね客の話し声で満たされ、たばこの煙が充満していた。

「指先が黄色くなるほどのヘビースモーカーでもたじろぐほどでした」

大正創業の組紐販売店に生まれ、当時京都大学に通っていた故・小山富太郎が話す店内の様子は、現在とは大きく異なるようだ。

1960年代に入ると、安保闘争などの影響で「学生の街」京都では学生運動が活発になり、六曜社にも血気盛んな学生たちがたむろするようになる。

当時の六曜社での思い出を記した雑誌記事〔※6〕にはこうある。

「地下室に通じる急な階段をよく上り下りした昭和35、6年頃、巷には『アカシアの雨がやむとき』や『上を向いて歩こう』が流れていた。

曲のリクエストにも応じたが、
狭い店内はおおむね客の話し声で
満たされ、たばこの煙が充満していた。
「指先が黄色くなるほどのヘビースモーカーでも
たじろぐほどでした」

デモの帰りの挫折と虚無感にささくれ立った気分を癒すお定まりのコースであり、仲間との連絡を取り合う場が、この店だった。いつも誰かが待っていた。

携帯電話など存在しなかった時代である。マドンナたちは、すぐに客の顔と名前をおぼえ、どんな電話も確実に取り次いでくれた。六曜社と印刷されたメモ用紙が用意されていて、仲間からの伝言メモを手渡してくれる時、彼女たちの天真爛漫な笑顔に思わず胸がときめいたものだった。そこは、恋と議論と喧騒が渦巻く坩堝（るつぼ）だった。老いも若きも同じソファに詰めあって座った。人と人とが触れ合うことで別の何かが生まれる触媒のような場であった」

小さい店とはいえ、多くの人々が交差する六曜社ではさまざまな人間ドラマが展開した。携帯電話もインターネットもない時代、喫茶店は客同士が連絡を取り合う中継所のような役割を担っていた。店のメモに伝言を残し、客同士の橋渡しをすることもある。急な雨に備えて傘をおいておく常連客もいた。多彩な人間模様の目撃者であり、時に人生の悲喜こもごもを支える。八重子はそんな喫茶業に誇りとやりがいを見いだしていく。

１９６３年には阪急京都本線が大宮駅から四条河原町まで延伸され、「河原町駅」が開業。人の流れが変わった。六曜社は繁昌するにつれ、アルバイトを10人前後雇うようになっていた。店内は常に人でごった返している。

それでも、店の経営はぎりぎりだった。大抵の客はコーヒー1杯で最低でも2時間は店で過ごした。狭い店だから、回転率は極めてわるい。旧満州から裸同然で引き揚げ、財産もない奥野家は、店と新居の家賃と、ウェイトレスの賃金を支払うと、家族がなんとか食べていけるぐらいしか手元には残らない。それでもウェイトレスを減らすのは手厚いサービスを重視する實が許さない。八重子はできる限り店に入った。

この頃、ウェイトレス第1号の冴子も30代を前に店を辞め、1963年に大阪・日本橋で3坪ほどの小さな喫茶店［珈琲スモール］を開いた。生涯独身を貫いたという冴子は2013年にがんのため亡くなったが、姪が経営を引き継いでいる。

数年がたった頃、八重子は夫の不審な動きに気づいた。たびたび店に不動産関係の電話が掛かってくる。八重子が電話に出て取り次いでも、いつもの気難しい表情で、先方とぼそぼそ話すだけ。電話を切ってもこちらにはなにも言わない。

「なんか怪しい」

トラブルに巻き込まれているのでは、という不安がよぎる。あまりにも電話が頻繁なので、ある日、八重子が思い切って尋ねると、實は重い口を開いた。

「副業で、土地や家屋の仲介をしてるんや。儲けのほうは、ぼちぼちやけどな」

實はいつの間にか不動産鑑定士の資格も取っていた。六曜社の厳しい経営を補う狙いのようだ。店の経営に関してはすべて夫に任せていたため、なにも言えない。

「ひと言、言ってくれればいいのに」

そんな思いもよぎったが、なにからなにまで自分でやらなければ気が済まない夫の性格をよく知っていたから、放っておくことにした。

## 引っ越し

次男のハジメが幼稚園に通うようになった頃、喘息が悪化した。その後、四条通近くの家の裏に高い建物ができて、日当たりがわるくなったこともあってか、ハジメの体調が改善しない。喫茶業はかつかつだったが、副業の不動産仲介のおかげで、奥野家の経済状況は軌道に乗っていた。

「日の当たる家に移ろう」

不動産業で得たノウハウを生かし、實は空気のきれいな場所にある物件を探し始める。ほどなく、坪1万円の安さで100坪あるという東山の南禅寺近くの土地を見つけた。一帯は明治期の琵琶湖疏水の完成を機に、政財界の有力者がこぞって東山を借

南禅寺の家と一家
昭和三十三年頃
Renault
日の当たる家に移ろう。

景とした庭を持つ別荘を建てた風光の地で、市内中心部の店にも近い。現地を訪れると、雑草が生い茂るそこは、新居を構える場所としてはうってつけ。八重子も気に入り、土地を購入してみんなの家を建てた。当時の奥野家の様子を、ハジメはこうふり返る。

「幼稚園を途中でやめるほど喘息がひどかったからな。その頃、店の開店が9時だったと思いますわ。朝5時から9時まで、祖父の八十八が店の掃除をしていて、ちょくちょく引っ越し先の家から八十八について店に行ったね。祖父は50ccのバイクで、俺は自転車で。小遣い稼ぎもあってね。カウンターの中は祖父、客席はわたしってふうに役割分担して掃除した。同居してた八十八は、80歳過ぎまで店のこと手伝ってくれてた。掃除のほかにも、お湯を沸かしておいたり、氷を注文したり、ボイラーの灯油の配達をお願いしたり、こまごまと雑用をこなして。店にとって、祖父はなくてはならない存在だったんです」

長男の隆も三男の修も、ときどき八十八とともに店の掃除を手伝った。そうやって息子3人は、ごく自然な形で喫茶空間やコーヒーの仕事に日常の延長として接していった。修も続ける。

「5歳くらいから店に行ってたかな。日曜日の朝は6時くらいに祖父が店に行くので、小遣いがもらえるからついて行って。掃除が終わったら、店のコーヒーでひと息ついたりね」

## 繁栄の日々

経済的余裕から、實は乗り物に入れ込んだ。虫の居所がわるいときも、車の話になると笑みを浮かべた。最初に買ったのは、富士重工業の前身の会社が出していたラビットスクーター。購入は次第にエスカレートし、大きなハーレーダビッドソンのバイクを買ったときは、もの珍しさで人だかりができた。その後入手した、数台しか製造していないといわれるルノーの黄色いスポーツカーは、フランスからルノーの社員が見にやって来るほど珍しい車だった。八重子にはまったく理解できない世界だが、そういう男の洒落っ気のようなものが、常連客をつかんでいるところもある。お互いの趣味には干渉しないのが夫婦の不文律だった。

八重子にも趣味と触れ合う余裕が出てきた。映画、芝居、音楽……観たいものがあれば、實と仕事の時間を調整する。夕方、仕事をあがって一旦帰宅、ご飯もそこそこに、子どもたちを両親に任せて戦後の輝きを増す街に誘われるように出かけた。新劇

虫の居所が悪いときも、車の話になると笑みを浮かべた。
八重子にはまったく理解できない世界だが、そういう男の洒落っ気
のようなものが、常連客をつかんでいるところもある。
お互いの趣味には干渉しないのが夫婦の不文律だった。

が好きで、舞台では若き頃の杉村春子や仲代達矢が輝いていた。海外の有名なバイオリニストが来日するとなれば聴きに出かける。満州に公演で訪れた宝塚歌劇に魅せられて以来のファンで、幼少期には劇団に入ることを夢見た八重子は、ていと泊まりがけで宝塚まで観劇に出かけたりもする。湧き出る好奇心のままに動くことが客との会話に花を咲かせ、八重子は店に立つことの面白さを知っていく。

そんなふうにして時間は、あっという間に過ぎていった。3人の息子たちが青年へと成長した1968年。開店から20年近く経ち、常連客も増え、地下店だけでは手狭になった折、ちょうど1階の店舗が空いたという。早速その店舗も借りて、喫茶店を地下から地上に移すことにした。1階の店舗は地下店よりもひと回り広く、通りに面しているのでお客もより入りやすい。

1970年に発行された『新編 京都味覚散歩』〔※7〕に、移転2年後の六曜社の様子が記されている。

「狭いながらも効率よく部屋造りをした、よくはやっているコーヒ店である。

建築素材として、赤松、ラワン、ウォールナットなどをふんだんに使っており、なかなか豪華な感じの店。壁面には清水焼のみどり色のタイルを使用し、京らしいムードも出している。

客椅子の狭いために、客同志がなかよく仲間意識をもてるようにレイアウトされており、いつの間にか、隣人と話し合うようなチャンスも起きようというものだ」

移転の判断は大当たり。充実の内装や喫茶空間へのこだわりなど、實ならではのセンスが新店舗でも光っているようだ。

いっぽう、空いた地下の店は居酒屋仕様に改築し、夜のみ営業する居酒屋「ろくよー」として1969年に再出発をきった。居酒屋と謳うが実質はバーのような形態の店で、實はバーテンの男性1人とウェイトレスの女性2人をろくよーの従業員として新たに雇った。こちらも繁昌し、實は賑やかな2つの店を切り盛りした。

先の『新編 京都味覚散歩』ではろくよーについても触れられている。

「近年、地下にもスナック・バーを造り、この方は少し高級、テーブル席で十六人、カウンターで十一人ほどの定員、ここでは、酒類の他に、サンドイッチ、ピラフ、スパゲッティなどを出している。

いずれも若い人の趣味にぴったり合うためか、いつも客がよく入っており、コーヒもなかなか厳選していてうまい」

1971年に刊行された高野悦子のベストセラー『二十歳の原点』〔※8〕にも、ろくよーが登場する。立命館大学に通い、鉄道自殺した著者が生前に綴った日記で、

1969年1月2日から6月22日の半年間が記録されている。その4月15日の項に、ろくよーで飲食したメニューとして、「オンザロック、ジンライム、アスパラ」が挙げられ、計900円とある。

「『ろくよう（原文ママ）』に独りで呑みだしてから私はよく笑った。そして泣いた。泣き笑いのふしぎな感情ですごした。

あのウェイターのおじさんにDo you know yourself ? と、いったら、Yes,perhaps, I know myself. ――といった。私はI don't know myself. と、いって笑った」

1階の喫茶店で働く八重子は、高野悦子という名を聞いたことがなかった。本に登場したウェイターに尋ねると、「なんとなくそんな会話をした記憶がある」という。旧満州で生きるか死ぬかの時代をくぐり抜けてきた立場からすると、物にあふれ、自由の中で生きる若者がなぜ自死するほど悩むのか、理解しがたい部分もあった。

ちなみに『二十歳の原点』には［さつき］［松尾］［白夜］［リンデン］など、たくさんの店が登場し、今はなき京都の店の痕跡を作中でたどることができる。京都のジャズ喫茶のはしりと言われた今や伝説的な店［しぁんくれーる］は、六曜社創業から6年後の1956年、星野玲子という女性が荒神口（こうじんぐち）の河原町通沿いに開いた。星野は、マイルス・デイビスやウィントン・ケリーといった海外の大物ジャズミュージシャンとの派手な交遊で時に醜聞も呼んだが、『二十歳の原点』や倉橋由美子の小説『暗い旅』に店名が出たこともあり、全国的に知られるようになった。店は1990年頃に閉店。関係者によると星野は1996年7月16日、祇園祭の宵山の日に、がんのため亡くなった。

## 高度経済成長と家出娘

實が2店舗経営を始めた1970年代初頭は、戦後、豊かになっていくなかで地方から都市へと若者が押し寄せ、都会での家出娘の増加が社会問題としてたびたび語られていた頃でもあった。京都の繁華街にある六曜社にも、そんな訳ありの少女が何人かやって来た。

1974年10月、気が乗らない縁談を両親に強いられ、新潟の家を飛び出してきたという少女がふらりとやってきた。六曜社で働くウェイトレスと知り合い、求人があると聞きつけたという。六曜社の名は知らなかった。

「ほな明日からおいで。その代わり、しんどいで」

實は細かく詮索せず、温かく少女を受け入れた。その少女は現在も地下のバーに立つ。

スーツケースひとつで現れた少女もいた。

「どこから来たんや？」

「尾道」

金も、行くあてもなさそうな佇まい。見かねた八重子は自宅で数日間保護した。どうしても家には戻らないというので、ウェイトレスとして雇いつつ世話することにした。京都大学農学部のそばに学生用の小さなアパートを見つけ、ほうきとバケツ片手に部屋を掃除し、布団と鍋釜を運んだ。

少女が六曜社で働きだして数年が経った頃、今度はその母親が娘を頼って家出してきた。

「しゃあないなあ」

八重子はあきれるのを通り越して、笑いが込み上げた。やがて、その子は同志社大学に近い今出川通沿いにあった「ミック」という喫茶店に移り、店で知り合った京大卒の男性と結婚。相手は九州の老舗の息子だそうで、しばらくすると仕事を辞め、郷里の熊本県八代で喫茶店を開くことにしたという。

「わたしらの店も六曜社と名付けてもいいですか」

「もちろん、ええよ」

結局、店名は2人が出会った「ミック」に落ち着いたが、時折連絡を取り合うときには「九州の六曜社です」と名乗ってくれた。

右肩上がりの高度経済成長期。喫茶店を取り巻く環境も徐々に変わりつつあった。1970年に「珈琲館」が1号店を東京でオープン。京都でも1972年に24時間営業の「からふね屋」が創業され、チェーン店が広がり始めていた。戦後、物価の上昇とともに喫茶店のコーヒーの値段は急上昇した。先述の『値段史年表』によると、1970年に一杯120円だったのが、5年後には倍の230～250円にまではね上がる。六曜社も例外ではなく、この頃のコーヒーは一杯250円になっていた。ただ、京都にはまだのんびりした空気が漂っていて、個人経営の喫茶店では、お客さんが飲みかけのコーヒーをそのままに用事で店を出て、しばらくしてまた戻って来るようなこともよくあった。店側もそれで文句を言うことはない。

## 息子の代へ

この頃から、次男のハジメが六曜社の喫茶を手伝い始めるようになる。ハジメは幼い頃から、兄弟のなかで最も頻繁に六曜社に出入りしていた。休みの日ごとに祖父と店の掃除に訪れ、夏休みに入ると、小遣い稼ぎもあって毎日店を手伝っていた。八十八が引退してからは、ハジメが店の掃除を担当することが多くなった。ハジメは勉強には興味が持てず、鴨沂高校を中退。喫茶業が好きらしい彼を見込んで、實が声をかけた。

「就職先もなかったので、とりあえず1年ぐらい店で皿洗いをして。おやじには、どつかれたことも多かったけど、仲はよかった。皿洗いするうちに、ある時『どうや、やってみるけ』って。河原町御池の大和(たいわ)学園に喫茶専門科っていうのができたんで、行ってこいと。半年かな、そこに通った。コーヒーの淹れかた、サンドイッチやホットケーキの焼きかた、カクテルの作りかたまで勉強して」

専門学校を卒業すると、實はハジメに「丁稚奉公」を命じる。奉公先は、實と旧知の社長がいる小川珈琲だった。

「（六曜社を）継ぐんやったらって。南禅寺の家からおやじに連れられて小川珈琲の本社に行って、社長に車で本社から伏見の店舗まで連れて行かれた。当時その店では、コーヒーを100円とか120円とかで出しててね。社長がその場で店員に向かって『この人はわたしの大恩ある人の息子やから厳しく育ててくれ』って言ってくれた」

そこでの丁稚奉公は3年続いた。

「その頃はちょうど京都ブームやった。『an・an』『non-no』『平凡パンチ』。雑誌の京都特集で六曜社の名前が売れて、店がめちゃくちゃ忙しくなってた。おやじもお袋も『体がもたへん』って音をあげてたぐらい。店は常に満席、夕方なんかごったがえして、たばこの煙で向こうが見えへん。それで来るのを嫌っている人もいた。六曜社はちょっと変わったやつが行くって雰囲気で」

政治の季節は終わろうとしていた。1970年の大阪万博の余熱とともに、同年から旧国鉄が始めた「ディスカバー・ジャパンキャンペーン」や同時期に発刊された女性雑誌『an・an』と『non-no』がきっかけで、関西への旅行がブームとなっていた。血気盛んな学生運動家が徐々に減るいっぽうで「アンノン族」といった観光客が古都・京都に押し寄せた。

猫の手も借りたいほどの忙しさからか、實はある日、ハジメに切り出す。

「もうええやん、帰ってこい」

實の号令で、1972年、いよいよハジメは家業に入った。それまでコーヒーを淹れる仕事は實と八重子の2人で回していたが、そこにハジメが加わった。

「早朝の店の掃除や備品注文とか開店準備して、おやじかお袋と交代する午後1時までコーヒーを淹れてた。その後結婚して、子どもが幼稚園に入ったら妻も店を手伝ってくれるようになって、それからは昼間の喫茶を俺と嫁さん、夜におやじかお袋、というふうに分担して。ウェイトレスの教育も担当するようになったし、そのうち修も1階の店を手伝うようになって」

そして、1978年には長男の隆が地下のろくよーで働き始めた。鴨沂高校から大阪産業大に進み、機械科で学んだ隆は卒業後、京都市内の自動車整備工場に3年勤めていたが、店を担っていたバーテンダーが辞めたため、實が隆を呼び寄せた。

「お前はバーを手伝え」

實の指示には有無を言わせないものがあった。当時、隆は30歳。ときどき店の掃除を手伝うことはあったが、隆はコーヒーを飲まないこともあり、ほかの兄弟ほど店には寄りつかなかった。それでも、隆が酒好きなところを見込んでの判断だったようだ。

「おやじがやれというなら仕方ないな」

奥野家において實は絶対的な存在。八重子が口をはさむ余地はない。隆は工場を辞めた。

「これでしばらくは安泰やわ」

八重子は兄弟2人の家業参加を頼もしく感じた。以来40年余り、隆は地下のバーに黙々と立ち続ける。

当時の河原町には映画館がひしめいていた。［京都スカラ座］、［東宝公楽劇場］、［京都宝塚会館］、［京都朝日シネマ］……。出版社や書店、レコード屋も多く、文化の香りに満ちていた。街の顔的存在だった［丸善京都河原町店（2005年に閉店するも10年後、丸善 京都本店として再開）］、［駸々堂京宝店］などの書店で行われるトークショーなどのイベントにコーヒーを出前することも度々あった。

1981年の『月刊京都』〔※9〕の記事が、当時の六曜社の様子を詳細に伝えている。

「京都のコーヒー専門店の老舗のひとつであるこのお店は、河原町界隈では知らぬ人のないほど、有名で親しまれている。（中略）一人でゆっくりコーヒーを味わう男性客や、河原町での待ち合わせに利用するお客の他に、ここのお店では混んでいる時は、必ず相席してもらうことになっているので、相席ねらいのヤングなど、利用客の客層も幅広く、コーヒーを飲みながら、知らない同志でも自然と話がはずむ。メニューの方は、古くからほとんど変わりがなく、コーヒーは一杯（250円）、食べものはトーストだけ」

成長した息子たちが新たに店に立ち、お客たちがすれ違う。奥野一家を中心に、六曜社はますますにぎやかな場所となっていった。

※1　藤原てい『流れる星は生きている』
中央公論新社　１９７６年

※2　『甘苦一滴6号』「珈琲探偵甘苦社 珈琲屋台篇」
文／田中慶一　https://amaniga.base.ec/

※3　谷崎潤一郎『朱雀日記』　初出　１９１２年
4-5月「東京日日新聞」「大阪毎日新聞」

※4　小松左京『哲学者の小径（フィロソファーズ・レーン）』
初出『オール讀物』１９６５年4月号

※5　週刊朝日編『値段史年表 明治・大正・昭和』
朝日新聞社　１９８８年

※6　『あまから手帖』　連載「青春の喫茶店」
２００３年5月号　文／かど・たかま

※7　臼井喜之介『新編 京都味覚散歩』白川書院　１９７０年

※8　高野悦子『二十歳の原点』新潮社　１９７１年

※9　『月刊京都』特集 京の喫茶店 １９８１年10月号

# 新たな芽／修

## ひと夏の冒険

1960年代半ば。奥野實・八重子夫婦の三男、中学生となった修は、ラジオで聴いたボブ・ディランの音楽に引き込まれた。それまで聴いていた、流行りのグループサウンズや歌謡曲とはなにかが違う。かきならされるアコースティックギターのコード音に乗った、しゃがれた歌声とハーモニカの音色。

「このざらざらした感じはなに？」

言いしれぬ衝撃が走る。なんとか貯めた小遣い1万5000円でヤマハのアコースティックギターを買い、ディランの『風に吹かれて』やピーター・ポール&マリーの曲をコピーした。中学の後半になると、自分で曲を作るようになっていた。

学校が休みの日は、両親が営む六曜社にときどき出かけた。好きなコーヒーがただで飲める。そしてなにより、大人の空間に憧れた。たくさんの人が出入りする喫茶店は、ちょっと背伸びしたい年頃の少年にはたまらない雰囲気なのだ。

地下の店に降りる階段脇の壁には、劇団の公演やコンサートのポスターや告知が貼られている。横尾忠則デザインのけばけばしい「状況劇場」のポスターを見ると、自分の知らない世界がこの世の中にはまだまだあるのだと感じる。六曜社を行き交う大人は、学校で出会う同世代や教師たちにはない刺激で満ちていた。当時、六曜社には音楽、演劇、文学など、カウンターカルチャーを担う人々が多数訪れていた。

音楽にかぶれ、勉強はろくにせず、公立の高校受験に失敗した。当然の報いと言えばそれまでだが、不本意な結果に大きな挫折感を抱く。最初の関門で得た苦い経験は、どこか陰影を帯びた世界への関心をさらに誘っていく。60年代後半に入り、反戦運動や安保闘争、学園紛争など、戦後社会の新たな潮流が起こりつつある時代だった。

結局修は、男子校である私立の東山高校に通い始める。1968年。高校1年の夏休みに、修は、同じくフォーク青年だった同級生の黒川修司を誘い、思い切って東京へと旅に出た。

目的地は労働者の街、山谷。日雇い労働者が格安で泊まることができる簡易宿泊所が並ぶ、いわゆる「ドヤ街」だ。高度経済成長期まっただ中のこの年、日本初の超高層ビル、霞が関ビルが完成。先の戦争から四半世紀が過ぎ、日本は豊かさへの階段を駆け上がっていた。いっぽうで、その矛盾も至る所であらわになり、山谷はその象徴的な場所として知られていた。いま、日本の中心である東京でなにが起こっているのか。

「この目で確かめてみたい」

旅の前に連絡を取り合っていた京都のフォーク歌手、豊田勇造のはからいで、2人は山谷の簡易宿泊所に泊まる手はずとなっていた。その豊田が待つという、竹中労の事務所へとまずは向かった。

山谷解放闘争を支援したり、芸能界・政界の闇に切り込むなど常に世間を騒がせ、「反骨のルポライター」「ケンカ竹中」などと呼ばれた竹中労。もちろん修もその名を知っていた。当時竹中は、自らの事務所を「開放」しており、まるで梁山泊のように若者が大勢居候していた。事務所に着き、豊田の姿を見つけると、早速山谷を案内してくれるという。2人は高鳴る胸を抑えつつ、目当ての山谷へ向かった。

その日、山谷はざわついていた。数十人に及ぶ日雇い労働者や活動家たちが、これから東京都庁へ「殴り込み」に行くという。その群衆の中に憧れのミュージシャンである早川義夫がいた。テレコ片手にデモに同行し、録音した音でドキュメント・アルバムを制作するという。これは、すごい現場を目の当たりにできそうだ。2人は不安と興奮をないまぜにしながら、群衆の後を追った。

デモ一行の目的地は知事室。当時は革新系の美濃部亮吉（みのべりょうきち）が東京都知事を担っていた。

なんとか知事室までたどり着いたものの、知事は不在。山谷の男たちは、主のいない広い部屋に響き渡るほどのシュプレヒコールを上げた。

「出面を上げろ!」

出面とは日当のことだと知ったのは後日のこと。みなの掛け声を2人もまねた。すると機動隊らしき格好をしたいかめしい男たちが、どたばたと部屋に入ってきて、あっさり全員追い出されてしまった。

あっという間の出来事だったが、毎日を食いつなぐ日雇い労働者の実情や、過激な方法で政治に立ち向かう人々の渦に入り、時代の最前線とも言える場所に立った経験は、地方のいち高校生だった2人にとって大きなカルチャーショックとなった。

## ドロップアウト

京都に戻ってからは、それまでの勉強にまったく興味を失ってしまった。東京での出来事が忘れられず、修も黒川もほどなく高校を中退した。なにか芸術に関わりたいと、修は府立日吉ヶ丘高校の美術科に編入したものの、まるで職業訓練のように着物の柄などを学ぶ授業に手応えが感じられず、もやもやとした日々を過ごした。

翌年、修は黒川と共通の友人の高原洋、志村との4名でバンド「コンドアウトキ」を結成した。

「心を揺さぶる音楽をもっと知りたい。なにより、もっと社会を感じたい」

そのためには、やはり東京に行かなければ、という気持ちをどうにも抑えることができない。

当時出合った永島慎二の漫画『フーテン』〔※10〕が、東京への思いをより強くした。『フーテン』は、新宿の片隅で生きるドロップアウトした若者の群像劇。作中には、ことあるごとに喫茶店が登場する。喫茶店の風景になじんだ修だからこそ、自分に近い物語としてより心に留まったのかもしれない。恋が始まる場であり、無言でレコードを聴く場であり、殴り合いの喧嘩が起きる場でもある喫茶店は、過去を持つ人々が一瞬交差する、物語の舞台だった。

1968年にTBSの番組で『自衛隊に入ろう』を歌い、世間の注目を浴びた唯一無二のフォークシンガー、高田渡。高田は69年に関西フォークの拠点といえる大阪の高石事務所に所属し、京都の山科の下宿で2年暮らしたことがある。のちに「酔いどれ詩人」と呼ばれる高田だが、この頃は下戸で、飲むのはもっぱらコーヒー。昼頃起きて、下宿から京都市内中心部まで歩き、「はしごコーヒー」をするのが日課だった。コーヒー1杯で何時間もねばりつつ、ぼーっとたばこをくゆらせたり、ミュージシャンや詩人の友人と話し込んだりする毎日。高田の歌『コーヒーブルース』の歌詞には「三条堺町のイノダ」が登場する。寺町京極には、高田の義兄が営む、ライブ喫茶「むい」があった。

修は当時関西で盛んに行われていた「フォークキャンプ」〔※11〕に出入りするうち、高田とも顔なじみになったという。

「確か、初めてフォークキャンプに行ったのが中学のとき。六甲山だったかな、渡さんとはそこで顔見知りになって。僕が15歳くらいで、渡さんが18歳。豊田勇造さんや遠藤賢司さんもいた。当時、まだ僕には持ち歌がなく、フォークキャンプでは歌ってないんですけどね。渡さんは、東京の家を出て京都でひとり暮らしを始めていたんです。東山三条に「マッコールルズ」って喫茶店があって、渡さんはそこで初めてブルースシンガーのミシシッピ・ジョン・ハートを聴いたとか、そういう話をしてましたね」

その後も高田とは六曜社でバッタリ会い、そのまま一緒にレコード屋へ行くようなこともたびたびだった。のちの修に多大な影響を与え続ける人物との接点は、やはり音楽と喫茶店だった。

煮え切らないまま1年ほど高校に通っていた修は、ある日ついに意を決し、父に思いを伝えた。

「高校を辞めて、東京へ行きたい」

實の返答は、ある程度予想通りだった。

「そうか……。まあ、お前の好きにせい。しかし、二度とウチの敷居はまたぐな」

言葉は厳しいが、それ以上詰問してくる様子はない。いちど中退し、今も真面目に学校に通っている様子でないことは両親も既に承知だった。なにを今さら、と八重子も特に咎める様子はない。ちょうどその頃は、次男のハジメが六曜社の仕事を手伝い始めた頃で、まだ若い修には、ある程度自由にさせようと両親は考えていたようだ。

「三男だし、大して期待もしてないんだろ」

修は編入した日吉ヶ丘高を中退。再び東京へと向かった。

## 2度目の上京

新宿では、自分と同じような長髪の若者がギターを持ち、フォークソングを熱唱し反戦を訴えている。いわゆる「フォークゲリラ」だ。新宿駅西口地下広場では約1万人が集まり、1969年には機動隊が出動したほどだった。少し面食らい、辺りに目を凝らすとシンナーを吸っている者がいる。むせかえるような熱気。京都では見たことがない数の群衆。これからこの街でなにが起きるのか。言いしれぬ高揚感が身を包む。

「こりゃすごい。思ってた以上だな」

知人から日雇い仕事の親方を紹介してもらい、ゴーゴー喫茶やキャバレーの広告看板を掲げる「サンドイッチマン」の仕事にありつくことができた。この頃は、身分証明のない未成年でも簡単に雇ってくれた。

最初の2、3カ月は、以前の上京で訪れた竹中労事務所に居候させてもらった。この頃の修の姿を、竹中が週刊誌のコラムに書き記している〔※12〕。

「さよう、もう一か月近くも毎日顔を見せている青年がいるけれど、先生は彼とロクに話をしていない。おそろしく無口な男で夜はサンドイッチマンをやっているらしい。昼来て寝て出ていく、彼は彼なりに自立の志を貫こうとしているのであろう」

看板を背負って新宿の路上に立つ日々。夕方5時から夜中まで、ひたすら街頭に立つ。ネオンがきらめき、星の数ほどの人々が通り過ぎていく。眠らない街。

「こんな街が、本当にあるんだ」

京都とは都市の大きさが比べものにならない。通り過ぎる人々は、看板の文字は見ても、それを持つ自分に関心を向けることはない。程よい感傷と、風に吹かれて漂う自由に浸りながら、夜の路上に立つ毎日が続く。

新宿の路上には何人もの「同僚」がいた。そのなかで、あるサンドイッチマンの男と言葉を交わすようになった。

「しばらくしたら北海道に帰って、タクシードライバーでもやろうかな」

朴訥(ぼくとつ)で飄々(ひょうひょう)としている彼には、いかにも「フーテン」らしい雰囲気があった。何歳か年上のその男と妙に通じ合うものがあり、修はその男と3畳ほどのアパートを借り、共同生活をするようになった。布団は竹中事務所が融通してくれた。

仕事がない昼間は、京都から持ってきたギターで歌を作り、疲れると喫茶店でひとり、本を読んでぼんやり過ごす。渋谷にあったジャズ喫茶「ブラックホーク」に、昼の2時間だけロックを流す時間帯があり、修は頻繁に通って未知の音楽を浴びた。

当時、六曜社と並び称され、若者たちが拠点としていた新宿の「風月堂」にも足を運んだ。まだ無名のビートたけしや唐十郎、岡本太郎、寺山修司ら、当時のサブカルチャーを担う面々が集い芸術論などを闘わせたという、現在では伝説的に語られる名喫茶だ。天井の高い店内では髪の長い若者たちがたむろし、たばこの煙の中で静かに読書している。確かに客層は六曜社に近いかもしれないが、雰囲気は少し違って見えた。

「イノダをちょっと汚くした感じ。でも、すごく格好いい」

当時は、喫茶店でコーヒーを飲んでボーッとすること自体がひとつの娯楽だった。この頃の修は東京でさまざまな喫茶店へと足を運び、無意識にそれぞれの店の個性を肌身で感じとっていった。

ある夜、いつものように看板を持って立っていると、年配の男が道を尋ねてきた。

「にいちゃん、ここに行きたいんやけど、どこだか知らへん？」

久々の関西弁。懐かしい。こちらも関西弁で応じる。東京で図らずも出会った関西人に、先方も親近感を覚えたようだ。

「六曜社っていう喫茶店の息子です」

話の流れで、つい素性を明かすと、男は店の常連だという。この広い東京で、まさか実家の客に出会うとは。世間の狭さに驚くと同時に、古都の中心で家業を続けることの重さに触れた気がした。ふと、京都にいる両親の顔が浮かぶ。

共同生活するアパートは市谷にあった。１９７０年11月25日。隣の部屋のラジオから、三島由紀夫がすぐ近くの市ヶ谷駐屯地で割腹自殺を遂げたと報じる声が聞こえた。

翌年夏には、岐阜県で開催されたフォークの祭典「中津川ジャンボリー」に足を運んだ。時代の激烈な空気を存分に吸いながらも、修はのほほんと気ままに生きていた。


この頃、ひょんなことから修はレコード・デビューを果たす。

「コンドアウトキ」メンバーの高原洋が漫画家・一条ゆかりとつながりがあり、スタジオ録音曲『歩いていこう』が少女漫画誌『りぼん』付録ソノシート〔※13〕に収録されることになる。曲が始まる前、一条は軽快に口上を述べる。

「ボクね、ホントは歌を歌うつもりだったんだ。けどさ、編集部の人が、カゼひいてることだし、それだけはよせよせっていうの、グスン。そのかわりに、京都にいるユカのボーイフレンド、コンドアウトキっていう、ゴキゲンなフォークグループを紹介したかンね！」

そんなタイミングもあってか、高原から「京都に戻って、喫茶店のマスターをやらないか」という誘いを受けた。
「好きなレコードを好きなだけかけられる」
その条件は、とても魅力的だった。

## 初めてのマスター

修は2年ぶりに故郷に戻った。ロック喫茶「名前のない喫茶店」、通称「名なし」は、1971年、六曜社にほど近い堺町通錦小路で開店。バンド仲間の高原がオーナーで、修は「雇われマスター」となった。

修はそれまでコーヒーを淹れたことがなかった。開店にあたり、父の實に頼みこみ、しばらく六曜社でコーヒー実習をさせてもらった。1階の店で皿洗いをしながら、隣でコーヒーを淹れる父の手元を見つめ、手順などを学びとる。高校を辞めた際には「二度と家の敷居をまたぐな」と憤った實も、上京中は親に金銭的に迷惑をかけたことがいちどもなかったからか、あえて過去を咎めず、修に全面的に協力してくれた。

最終的に實は名前のない喫茶店の保証人を引き受け、さらに六曜社で使っている小川珈琲の豆を店で使えるよう融通してくれた。開店日には、修の淹れるコーヒーを飲みに、わざわざ店まで駆けつけてくれた。いわば「六曜社仕立て」の修のコーヒーは、客からも好評だった。当時ロック喫茶では、味にこだわったコーヒーを出す店なんてなかったのだ。店の大恩人となった實は、修のなかでこれまでとは少し違う存在となりつつあった。

## 夢を叶えに

名前のない喫茶店には、京都じゅうから音楽好きが集った。コーヒーと音楽、そして友人の笑い声に包まれて過ごす幸せな日々。ギターを持って自作の曲を歌い、京都大学の西部講堂でセッションすることもあった。出会いが出会いを呼び、修はレコード制作のチャンスを手にする。2002年のインタビュー〔※14〕で、修は当時をこうふり返る。

「村八分や裸のラリーズとか、周りにちょっと変わった人達が蠢(うごめ)いていて、京都は狭いですからそれなりに顔見知りになっていって。その中で原田詳経(しょうけい)さんというキーボードを弾く人と友達になって。で、彼がスタジオを持っていて、『一度遊びに来ませんか』と言われてお邪魔したのがきっかけなんですけど」

名前のない喫茶店は堺町錦上ル、
玉屋珈琲店の向かいの2階にあった。
ドアに「カフェ」とあるだけで、つまりほんとに
名前がなかった。それで便宜上「名前のない
喫茶店」という名前となった訳です。

原田は、書家として知られる原田観峰(かんぽう)の長男で、父の観峰流書道をしながら、ミュージシャンとして活動しつつインディレーベルHIMICOレコードを運営していた(2014年没)。

「ビルの一室を借りて『古代緑地』って名前を付けて。そこへギターを持っていって演奏したら、原田さんにとって僕がしっくりきたみたいで、何か一緒にできそうな雰囲気が生まれたので、録ってみましょうか、と」

1972年、全8曲からなる自主制作アルバム『オクノ修』を200枚限定で販売した。メッセージ性の強いフォークソング全盛のなか、修の曲や歌詞は、力みのないものだった。『おなかがへってる唄』『夕ぐれ時の唄』『君がいってしまう唄』……。修のファーストアルバムはあっという間に売り切れ、さらに思わぬ展開を呼んだ。

「ボーカルをやってほしい」

アルバムを聴いた音楽関係者が、バンドへの加入を申し込んできたのだ。東京で活動するソリッドな3Pロックバンド「スーパー・ヒューマン・クルー」。初めて聞くバンド名だったが、曲を聴くとわるくない。修は、再び東京で音楽活動をするチャンスを手にした。

名前のない喫茶店の高原に決意を告げると、音楽家として再出発する友人の門出を祝ってくれた。名前のない喫茶店は、その後歴代マスターが引き継ぎながら1984年まで営業を続けた。

1973年、修は上京し、バンドメンバー3人と一軒家で共同生活を始めた。その家は超高級住宅街として知られる田園調布にあり、長嶋茂雄の自宅がすぐ近くにあった。社長の息子である別のバンドメンバーが絵を描くアトリエとして使っていた家で、部屋が空いているからと貸してくれたらしい。

東京でのプロミュージシャン生活。それは刺激に満ちていた。スーパー・ヒューマン・クルーは、吉祥寺で1年間のみ存在した伝説的ライブハウス「OZ」などで演奏した。矢沢永吉の「キャロル」や加藤和彦らによる「サディスティック・ミカ・バンド」の前座に出演したり、ツアーで東北地方のライブハウスをまわったりもした。

1年ほど、そんな生活が続いた。バンドのボーカリストとして人前に立つことは気分が良い。それでも、どこか満たされない思いが徐々に忍び寄ってくる。プロとはいえ実際は音楽だけで食べてはいけず、港湾労働のアルバイトをして日銭を稼いでいる現実もあった。思い通りにならないことも多く、急速に膨れ出した音楽業界や、京都に比べて人当たりのきつい東京の空気にも少し、くたびれた。修はバンドを抜ける決心をした。ほどなくバンドは解散する。

バンド「ムーンライダース」の前身であり、70年代の日本のロック史に名を残した「はちみつぱい」のギタリスト、本多信介と京都時代から親交のあった修は、バンドを抜けた後ひと月ほど彼のアパートに居候した。本多ともバンドを組み、ライブ活動を行いつつ、『ミスター・ソウル』という曲を一緒に作った。その曲は後年発売された『THE FINAL TAPES はちみつぱい LIVE BOX 1972-1974』に収録され、修がライブで歌うこともあった。

日本語ロック黎明期のただなか。欧米のロックを仰ぎ見るだけの音楽シーンから一歩抜け出て、自分たちの、日本人としての音楽を創り出そうという波のなかに、修は確かにいた。

## 新たな場所へ

高校時代に共に東京へ行った友人の黒川は、修と同じく高校中退後、竹中労の事務所に居候したり、岡山へ行ったりした後、パスポート片手に本土復帰直前の沖縄に渡っていた。

「憧れの那覇港についたのは夜の八時過ぎ、泊るあてないその夜の宿は、ブラブラ歩いてるうちに見つけた波上の旅館。翌日、知り合いの紹介で身元引受人をお願いした普久原恒勇（ふくはらつねお）先生を訪ねて一路コザ（現在の沖縄市）へ」〔※15〕

黒川が沖縄を訪れた1970年から遡ること約1年前、竹中が初めて沖縄を訪れ、やはりコザの作曲家・普久原の家で島唄を聴いた。以来、あちこちで島唄や三線（さんしん）の素晴らしさを説き、私家版のレコードを製作するほど入れ込んだ。黒川は、その動きに同調するように「浮島丸」に乗り込んだのだ。普久原の事務所で居候しながら家や仕事を探し、自身の音楽活動を続ける黒川。最近は、沖縄民謡の魅力を伝える活動に忙しいという。修は都会の真ん中で、ふと南国の風景を思い浮かべた。

修は東京を離れる決意をし、とりあえず黒川の元へ向かうことにした。東京を去る前に、なじみのブラックホークへと向かう。ずっと気になっていたひとりの女性客に、沖縄行きを告げるためだった。

「今度、東京を離れることになった」

その女性客とは、のちに修の妻となる野口美穂子だった。

佐賀県伊万里市で4人姉妹の末っ子として育ち、高校卒業後、集団就職で上京した美穂子は、文化人が集った六本木の「パブ・カーディナル」などで働いており、客としてブラックホークにもたびたび足を運んでいた。修はそこで出会ったショートカットで童顔の美穂子にひと目惚れした。いっぽうの美穂子は、長髪で、冬でも裸足にズック姿の修を「なんかヘンな人」と警戒した。しかしその後も何度か店で顔を合わせるうちに、会えばひと言ふた言会話するくらいの仲にはなっていた。その日、修は別れの言葉と共にファーストアルバム『オクノ修』のレコードを手渡した。

「望み薄でも、少しでもつながりを持っておこう」

修にはそんな狙いがあった。

当時、ミュージシャンの彼氏がいた美穂子は修のことを特に意識もしていなかったので、軽い気持ちで受け取った。

「最後の記念にくれたんだろう」

後日、そのレコードを聴いた。

「なんかピンとこないなあ」

当時の美穂子にとって、修も『オクノ修』もそんな印象だった。

東京暮らしの荷物をまとめ、修は単身、返還間もない沖縄の那覇へ向かった。黒川の友人宅でまたまた居候させてもらいながら、日中は土木作業のアルバイト。仕事の

real jazz
black hawk
その日は修から別れの言葉と
『オクノ修』のLPレコードを渡された。
「なんかピンとこないなあ」
当時の美穂子にとって
修も『オクノ修』もそんな
印象だった。
HIMICO RECORD
オクノ修
KIOTO
長髪で、冬でも裸足に
ズックの修を「なんか
ヘンな人」と警戒した。

後は、決まって海にせり出したバーのデッキへ向かい、ビールを片手にジュークボックスで洋楽を聴いて過ごした。波音とロック。まるで天国のようだ。

「このままずっとのんびりしていたい」

沖縄で3カ月ほど暮らすうち、疲弊した心はすっかり平穏を取り戻した。ある日修は、嘉手苅林昌（かでかるりんしょう）のステージを観た。竹中が「島唄の神様」と呼び、大々的に全国メディアにも紹介した「風狂の謡人」と評される嘉手苅。日常の延長のようにリラックスして、即興で歌う表現者を前に、日常が、歌が、恋しくなってきた。

「ぼちぼち帰ろうかなあ」

沖縄では、働いても賃金をちゃんと支払ってもらえないことがたびたびで、徐々にお金も尽きてきた。なにより、コーヒーがおいしい喫茶店が見当たらない。沖縄料理にも飽きてきた。自分の放浪もそろそろ潮時、と黒川らに別れを告げ、修は神戸港行きのフェリーに乗った。

神戸港に着くなり、老舗喫茶店「神戸にしむら珈琲店 中山手本店」へと駆け込む。久しぶりにコーヒーらしいコーヒーにありつけて、修はようやくひと息つけた気になった。知らず知らずのうちにおいしいコーヒーを求めてしまうのは、喫茶店の息子の性なのだろうか。

## 喫茶店に引き寄せられ

故郷に戻った修は京都市内にアパートを借り、納車前の新車を洗うアルバイトを始める。新生活が落ち着いてくると、修は東山三条にできたジャズ喫茶「CARCO'20」（以下カルコ）に出入りするようになった。

1970年にオープンした店で、当時のジャズ喫茶としては珍しいガラス張りの店内には、外の光が爽やかに降り注ぐ。それでいて、渋いジャズがいい音で流れ、名物ママ・渡部あやはものすごい美人。カルコの誕生は京都でセンセーショナルに迎えられ、熱心に通い詰める客が後を絶たなかった。「カルコのお姉さん」渡部は客にとって憧れの存在で、漫画家のひさうちみちおやミュージシャンのチチ松村、中川五郎ら若きアーティストたちも足を運んだという。もちろん修もそのひとり。当時、暇を持て余していた修は、閉店時間までのんびり店で過ごすことも多かった。カルコは1979年に閉店したが、修にとっては最も好きな喫茶店のひとつとして心に刻まれた。

喫茶店は、これまでも修にとって人生を左右する貴重な出会いの場であったが、そのカルコでも運命の出会いがある。ある春の日。いつものようにカルコを訪れた修は、見慣れた客の姿を見つけた。渋谷のブラックホークの常連だった野口美穂子だ。以前レコード『オクノ修』を渡してから、1年ほどが経っていただろうか。当時の美穂子は東京の映画館［テアトル銀座］で「もぎり」をしており、佐賀の実家に帰省する途中、ふらりと京都に立ち寄ったという。修ははやる気持ちを抑え、声をかけた。

「お久しぶりです、どうしたんですか？」

「京都が好きで、ちょくちょく訪れているの。ここは評判の喫茶店だから」

まるで映画のような、劇的な再会。聞けば、彼氏とはうまくいっていないという。修のほうは長い髪を切り、うさんくささも多少消えていた。美穂子は古い喫茶店が好きで、神戸のにしむら珈琲店で半年ほど住み込みで働いたことがあるほどだった。雑誌で知った六曜社を訪れたこともあるという。修が六曜社の息子であることは、東京の知人から聞いていた。

「実家が喫茶店って、ちょっといいな」

美穂子が店を出たのをただ目で追っていた修に、ママの渡部がすかさず叫んだ。

「あんた、今追いかけなくてどうするの？」

ある春の日。いつものように
CARCO'20を訪れた修は
見慣れた客の姿を見つけた。
渋谷のブラックホークの常連
だった野口美穂子だ。
佐賀の実家に帰省する途中、
ふらりと京都に立ち寄った
という。
carco
COFFEE
'20
CARCO'20は都ホテルの前に
ありました。戦前のJAZZが流れ、
窓の外を路面電車が通った。

慌てて美穂子の後を追う修。連絡先を聞き出し、京都と東京、遠距離ながら2人は文通を始め、やがて交際に発展していった。

## 両親の店に立つ

修はアルバイトしながら街をブラつき、音楽に励む日々。両親やハジメが立つ六曜社にもときどき足を運び、コーヒーを飲む。ある時、父が言った。

「ふらふらしてるなら、手伝ったらどうや？」

当時六曜社は既に、1階喫茶を両親と次男のハジメが、地下のバーを長男の隆が担っていたので、三男の自分が家業を継ぐという発想はまったくなかった。

「いずれ自分の店を持つなら、実家の店で経験を積むのもわるくないだろう」

修は洗車のアルバイトを辞めて、1階の喫茶で皿洗いを手伝うようになった。

1年後、遠距離恋愛を続けていた美穂子と結婚した。1975年、修23歳、美穂子24歳。美穂子は東京での仕事を辞め、京都に移り修と暮らし始めた。しばらく美穂子は京都大学そばの老舗喫茶店［進々堂］でウェイトレスとして働いたが、六曜社の人手が足りなくなり、修とともに1階店で働くようになった。美穂子は当時の記憶を語る。

「その頃の常連さんは、商店街の店主や、近くにあったボウリング場、映画館、本屋さんの従業員の方。あとパチプロ風の人も多かったです。常連さんの座る席はたいてい決まっていて、あの人は新聞は○○新聞、砂糖は2つ、など、お客さんの好みを必死で覚えました。接客は好きだったので仕事は楽しかったです。六曜社はどちらかというと地元密着型で、マスターは常連さんと挨拶をするくらいでしたが、ママはよくお喋りをしていました。女の子（ウェイトレス）はサービスを徹底的に教育されました。『接客は笑顔で』『いらっしゃいませ、と、ありがとうございますは大きな声で』『お冷やは空になる前に注ぎに行く』など、たくさんルールがあって。『長い髪の人は後ろでくくる』『エプロンのひもは、きれいなリボン結びに』『マニキュア厳禁』など。なによりも清潔感が大切と、いつも言われていました」

1975年10月、修にとっては2作目となる4曲入りのアルバム『胸いっぱいの夜』を制作。以前『オクノ修』を制作した原田詳経が新しく作ったHIMICO STUDIOに遊びに行き、「世間話をするように」仲間たちと演奏したものだ。実家の喫茶店を手伝いながら美穂子との新婚生活を送り、音楽活動を楽しみつつ、レコード制作も叶えた。2度の上京を経て京都に戻ってからの修は、様々なものごとや気持ちに折り合いをつけながら、自分らしいやりかたやペースを摑みつつあった。

修はコーヒーが好きだった。六曜社で皿洗いなどの仕事を2年ほど続けるうち、やがてコーヒーを淹れる仕事も任せてもらえるようになる。俄然張り切り、コーヒーの世界へと徐々にのめりこんでいく。美穂子は生き生きしている修の姿を思い出す。

「修さん、好きなコーヒーの仕事ができて、すごく楽しそうに見えました」

修は、父が淹れるコーヒーの味は好きだったが、仕入れる豆の味に物足りなさを感じ始めていた。

当時の修とのやりとりをハジメが回想する。

「修は兄弟のなかでいちばんおやじに似ていて、凝り性だった。コーヒーの味のことをいろいろ考えるうちに、京都の［玉屋珈琲店］っていう小さな焙煎屋を見つけてきて、一緒にああでもない、こうでもないって言いながら、1カ月以上かけてそれまで使っていた豆と玉屋の豆をブレンドし直した。完成した基本のミックスブレンドが、それからの六曜社の味になった」

しかし修は、それだけでは満足できなかった。

「いくらブレンドを工夫しても、豆を焼く段階で味の大部分が決まってしまう」

そんな思いから、自家焙煎の研究を始めた。


70年代当時の喫茶店では、コーヒーの味に直結する焙煎方法については「企業秘密」と隠す店が多かった。味を研究するため、修は自家焙煎喫茶を巡った。焙煎の教科書のような書籍がようやく出版された頃だ。付き合いのある焙煎業者から生豆を少量分けてもらい、本を片手に銀杏を焼く手網でなんども煎ってみた。やがてプロ用の道具にも興味が出てくる。

「高性能のコーヒーミルが東京の合羽橋で売っているらしいから、ちょっと見に行ってきていいかな?」

父に了承を得て、休みの日を潰してひとり東京へ出かけた。ミルは20万円ほどだった。効果もわからずにぽんと買えるものではない。商品について、店員にあれこれ尋ねる。

「このミルなら、バッハで使ってますよ」

その足で、教えてもらった喫茶店「カフェ・バッハ」へと向かった。自家焙煎を世に広めた功労者、田口護の店だということについては、当時はまだ知らない。その店は、あの懐かしの山谷にあった。不思議な因縁を感じつつ、早速入店し、コーヒーを注文する。

ひと口飲んで、驚いた。

「なにこれ。めっちゃおいしい」

それまでに訪れた自家焙煎の喫茶店とは、味も、店の雰囲気までも大きく違った。それまで修が研究で訪れた店はいずれも、近寄りがたい雰囲気をまとった店主がいて、ネルドリップで抽出した「店主入魂の1杯」を有り難くいただく、という感覚だった。しかし、バッハではあっさりとペーパードリップで、一気に3杯分のコーヒーを注ぐぐらいのカジュアルさでコーヒーを淹れている。それでいて、実に印象的で深みのある味。おそるおそるマスターに話しかけ、目当てのミルの性能について尋ねると、気さくにあれこれ教えてくれる。

修は当初から感じていた考えを確信へと変えた。

「やっぱり、コーヒーの味は生豆の選定と焙煎で80%が決まる。淹れかたはもっと自由でよかったんや」

ほっとひと息つき、辺りを見渡す余裕ができた。店では、いかにも地元客と思われる、リラックスした出で立ちの客が思い思いにコーヒーを楽しんでいる。店のムードにも店員にも気負いはなく、街に溶け込んでいる感じがうかがわれた。

「人々の生活にうまいこと入り込んでいる。カッコイイなあ」

大衆的でいて、ちゃんとおいしい店。修が目指す店の理想型のルーツはここにあった。

帰り際、ふとレジ横にある掲示板を見ると、出稼ぎに来たまま行方不明となった人の情報提供を求める貼り紙が何枚もあった。それを見て、高校1年の夏休みの記憶が一気によみがえる。

「そうだ。あの時も、この街に来てからなにかが始まったんだ」

来てよかった。コーヒーや喫茶店の新たな可能性を見いだした修は、山谷の地に感謝した。

## 焙煎修業

それからは、東京で買ってきた少量の生豆を手網で煎って、焙煎研究の日々。いろんな味を確かめに、自家焙煎喫茶へも引き続き通った。特にバッハの田口から焙煎を

バッハはレジのところに掲示板が
置いてあって、出稼ぎに来たまま
行方不明なんですが、知りませんか、
そんなことが書かれていたんですね。
僕はそれを見たとたんに
遠い昔を思い出したんです。
解放
高校一年の夏休みにここへ来て
なにかがはじまったんだ。

学んだマスターが営むという、奈良・大和郡山の［自家焙煎あまくさ］と、大阪・池田（現在は東京・東大和市に移転）の［珈琲倶楽部］の2店には、休日のたびに電車を乗り継ぎ足を運んだ。豆の焼きかたなどを根掘り葉掘り聞くと、やはり彼らは親切に答えてくれる。修が焙煎した豆を味見してくれることさえあった。各地の店の味を知り、自身も毎日店に立つ生活のなかで、コーヒーの味作りは、曲作りに似ていると修は気づく。自分の感性に耳を澄ませ、摑んだものを信じ、世に送り出す。ますます仕事に手応えを感じると同時に、今いる場所で踏ん張る覚悟も芽生えてきた。

音楽も続けていた。1981年には、先述のフォーク喫茶むいで働くマンドリン奏者・福島健らと意気投合し、バンド「ビートミンツ」を結成。自作のカセットテープを手売りした。その頃、ライブで出会ったバンド「アーント・サリー」のギタリスト、BIKKE（ビッケ）が演奏に加わった際には、「ミント・スリーピン」とバンド名を変えて活動。

「いろんな人とセッションしてましたね、その頃は。それは『むい』っていう音楽かける喫茶店があって、そこに集まってくる人がいたから出来たんですけど。そう言えば、何か作る時はいつも、たむろしてる喫茶店があるんですよね」〔※16〕

喫茶店で働くという人生のベースができたことで、歌が生まれる。音楽にも、これまでとは違う感覚と手応えが感じられた。

結婚して8年後の、1983年10月2日。キンモクセイのほのかな香りが漂う頃、長男が生まれた。美穂子は、薫平と名付けた。コーヒーの「薫り」とともに歩んでほしいという思いも込められている。修に異論はなかった。

守るべき家族ができた修の働きぶりを、實と八重子はずっと見ていた。

ある日實は、修に声をかけた。

「地下の店……昼間空いてるから、お前、やってみるか」

1986年。巷では、おしゃれで都会的なカフェバーが流行りだし、古参の喫茶店は苦境を強いられていた。総務省統計局の「事業所統計調査報告書」によると、1981年に全国の喫茶店数は15万5000軒近くでピークを迎えた。京都府には5000を超える店があったが、以降は減少していく。六曜社も例外ではなく、売り上げは落ち込んでいた。

そこで實は、遊んでいた日中の地下を活用しようと考えたようだ。薫平は3歳になり、美穂子も育児が一段落した頃。期は熟した。實はバー営業のみだった地下店を昼間は喫茶店にして、一切を修に任せたのだ。両親の店の真下という条件の下、分店というよりは、暖簾分けに近い形だった。

「メニューもサービスも好きにやれ」

修の目指すべき店の理想型は定まっていた。ふだん遣いの店でありながら、ちゃんとおいしい店。あの、バッハのような。あとは、自分なりの味を作り上げるだけだ。

「それなら、自家焙煎で勝負したい」

地下店の喫茶営業を始めるにあたり、修は父を説得し、南禅寺近くの実家の敷地内に小さな焙煎小屋を建ててもらった。3キロ容量の新しい自家焙煎機に約50万円、煙突がついた4畳ほどの小屋に約50万。計100万円ほどの思い切った設備投資だった。

開店準備期間は約1カ月。1階店の仕事を続けながら、空き時間に焙煎小屋へ通った。何度も焙煎を繰り返し、感覚をフル動員し、答えを探す。やがて修は、2種類のブレンドを完成させた。深煎り豆1種と中深煎り3種を混ぜた「ハウスブレンド」と、中深煎り3種を混ぜた「マイルドブレンド」。ブレンドを構成する豆は、ストレートコーヒーとしても販売する。産地別に、深煎り3種、中深煎り5種、中煎り4種。

「これだけあれば客の好みに応えられるし、豆が売れ残る心配もない」

豆の賞味期限は、焙煎後常温で1週間、冷凍でも1カ月が限度。だからこそ、扱うストレートコーヒー豆はブレンドに使用する品種のみに絞る。その代わりに、毎日焙煎する。常に鮮度のいい豆を扱うことが、修にとっての「おいしさ」の答えのひとつだった。

開店に合わせて、修は店内を少しだけ改装した。階段下の壁をくり抜き、ガラス窓をはめ込んだ。扉もガラスにして、暗かった店内に外の光が入るようにした。

1階店にはないサイドメニューも作った。現在も六曜社名物として絶大な人気を誇る、美穂子のホームメイド・ドーナツだ。当時のいきさつを、美穂子が語る。

「薫平のおやつとして、ときどき自宅でドーナツを作っていたんです。地下店で喫茶をやることになり、なにかコーヒーに合うものを出したいねって修さんとお喋りするうち、『それならドーナツがいい』って。お店で出すと決めてからは、本でいろいろ

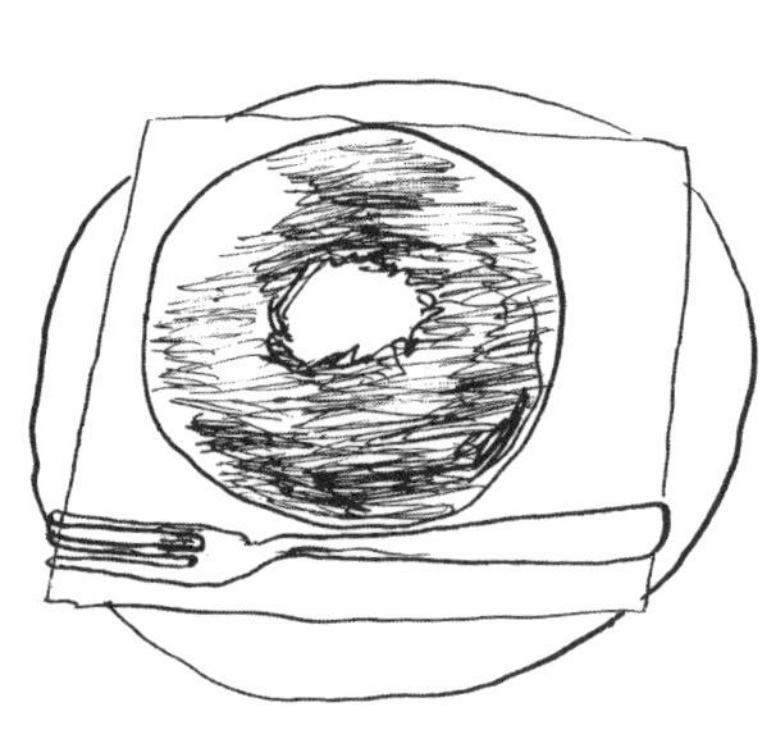

なレシピを研究して、シンプルで飽きのこない味にしようと試行錯誤しました。当時ママ友同士でよく集まっていた公園に持参して試食してもらったり、近所の人に配って感想を聞いたりしました。大阪の本町にある［平岡珈琲店］のドーナツが評判なので、食べに行ったりも。平岡珈琲店では、カウンターの調理場でドーナツを揚げていらっしゃるんですが、六曜社の地下店は狭いから、家で作って、お店に運ぶことにしました。今でも形が思うようにいかなくて悔しかったり、たまに配合を間違えてお客さんにバレないかヒヤヒヤしたり（笑）。ひとつひとつ形が違うので作っていて飽きないし、楽しいです」

約1カ月間、2人はそんなふうにできる限りの研究を重ね、1986年6月、いよいよ［六曜社　地下店］はオープンした。平日は基本的に2人で店に立ち、美穂子がお冷出しと注文取り、修が日々焙煎し、コーヒーを淹れる。夫婦での新たな挑戦だった。

「開店祝いに、と友人が自宅の庭に咲いていた紫陽花を持参してくれて、カウンターに飾ったことを昨日のことのように覚えています。いまでもそうですが、マイペースな修さんは、とても楽しそうでした。でもわたしは、うまくいかなかったらどうしよう、責任重大だなって、内心ドキドキして。いっぽうで、修さんなら大丈夫じゃないかなっていう気持ちもありましたけど」

## スロー・スタート

最初の数年は、お客が全然来ない日もあった。開店当時、修の自家焙煎コーヒーは1杯250円。1階店と値段はそろえた。美穂子のドーナツは1個100円、1日20個ぐらいから販売を始めたが、余ることも多く、そういうときはウェイトレスや薫平のおやつになった。さすがの修も焦る気持ちがないではなかったが、父の實はなにも口出ししてこない。店の売り上げはすべて父に渡し、固定給をもらう約束だったので、店全体の売り上げや利益について、修はあまり把握もしていなかった。

そんな両親のはからいもあり、なかなか客入りに恵まれないなかでも、修はマイペースに店作りや焙煎に集中できた。

「自分で独立していちから店を始めていたら、きっとこうはいかない。ほんまに僕はラッキーだ」

1階店は年中無休だったが、地下店は基本的に修と美穂子の2人で仕切っていたため、水曜を定休日にした。その貴重な休日に、修はできる限り多くの喫茶店に足を運び、店作りのヒントを探し続けた。自分なら、どんな店に行きたいか。街を歩き、喫茶店に足を運ぶうち、「大衆的で、ちゃんとおいしい店」という理想像はますます固まっていった。

生活と仕事のルーティンも確立しつつあった。店は正午開店だが、朝7時半には店に入る。自宅から鴨川を渡って自転車で10分。店の前に自転車を止めて、店の掃除や豆の準備をし、一旦帰宅。昼食を取って、美穂子が作ったドーナツを自転車に積んで、再び店へ。夕方5時半にバーを担う兄の隆と交代し、実家の焙煎小屋へ。その日消費した分の豆、だいたい3、4キロを焙煎する。

裸電球を灯し、首にストップウォッチをぶら下げて、焙煎機の火力を上げる。温度計の目盛りをにらみながら200度近くまで予熱し、頃合いを見て生豆を投入。加減を見つつ浅煎りから深煎りまで数種類を焙煎。これを午後9時まで何度か繰り返す。空調はなく、夏は扉を開け放し、上半身裸での作業となる。水を張ったバケツにタオルを突っ込み、固く絞って汗をぬぐう。蚊と戦いながらの重労働だ。

コーヒーをおいしく淹れるには、大事なポイントがいくつかある。まず、生豆の段階で欠点がある豆を手でひとつひとつ取り除く「ハンドピック」。時間がかかるし、

夏は扉を開け放し、上半身裸での作業
となる。水を張ったバケツにタオルを
突っ込み、固く絞って汗をぬぐう。蚊と戦い
ながらの重労働だ。

根気もいるが、味に直結する大切な作業だ。地道にコツコツと手を動かすことで、小さな個人店なりの味と経営効率の両立を図る。美穂子は子育てと家事を担いながら、毎朝ドーナツを揚げ、開店時間からは接客に立つ。貧乏暇なし。しかし、修には心地よい充実感があった。

「これこそが、求めてきた道かもしれない」

ある時、ビートミンツのメンバーとして1本の映画に出演することになった。京都のミュージシャン役として、声がかかったのだ。1990年公開の『遺産相続』〔※17〕というタイトルの映画で、京都の〝あほぼん〟が遺産相続に巻き込まれていくストーリー。祇園祭の宵山の夜、京都の老舗ライブハウス［拾得（じっとく）］に出演するバンド役だった。〝あほぼん〟役に野々村真、その仲間役には今田耕司や東野幸治。ステージの上で、エレキギター片手に歌う修の姿が銀幕に大映しになる。野々村はノリノリで生演奏に身体を揺らしながら、隣席の若い女性に声をかける。

「ぼくね、京大の法学部ですねん」

「すごーい、秀才さんやねえ」

「いやあ、ほんまのほんまは、京都学院大学、あっほう学部ですねん。おまけに中退！」

「面白い人やわあ、この人」

そこに、別れ話でこじれているらしい元彼女が突撃してくる。野々村は修たちが歌うステージに逃げ込み、演奏は中断する。

修は昔アルバイトで富司純子主演の『緋牡丹博徒』シリーズにエキストラで出演したことがあった。しかし、このように顔がしっかり映る形での映画出演は初めて。監督・降旗康男、撮影・木村大作、主演・佐久間良子という豪華な顔ぶれの割には軽薄な内容に思えたが、たった1日の撮影で、ほんの一瞬の出番にもかかわらず、多額なギャラをもらって驚いた。

世の中は、まさにバブル時代だった。

## 自分のやりかたを貫く

80年代半ばから、京都にもコーヒーチェーンの波が押し寄せつつあった。それまでは、「ラーメン1杯と同じ」300円前後が喫茶店のコーヒーの平均価格。その半額に当たる150円の「ドトールコーヒー」1号店が1980年に原宿にセンセーショナルに誕生し、やがて京都にも進出する。低価格でカジュアル路線の店が支持を集めるなか、六曜社では、コーヒー1杯250円。価格で個人店が戦うのは至難の業だ。

喫茶業界では「回転率」という言葉が盛んに使われるようになっていた。確かに店の売り上げは、限られた営業時間でどれだけ多くの客を出し入れするかにかかっている。利益率が高い業種ではないので、飲み物中心の小さな喫茶店にとっては、客が店にいる時間が短いほど経営的にはありがたい。

「間違っても、客をさばくような振る舞いだけはしたくない」

修にとっての喫茶店とは、あくまでもぼんやりと自分の時間を過ごすところであり、本を読み、仲間と語り、見知らぬ人と出会う場所だった。

大量生産、大量消費の世の中で、できる限り自分の納得のいく品を作り、提供する。背伸びせず、家族が食べていけるぐらいのほどほどの儲けが出ればいい。喫茶店のマスターである以前に、ひとりの人間として、そんな生きかたをしたい。

「店に立つほうは、のんびりしてるように見えないと」

わざわざ自家焙煎をする目的は、味だけでなく、豆の販売で一定の売り上げを確保するためだった。小さな店で回転率にとらわれず営業するには、仕入れ値を下げたり、商品の多様化を図ったりして対抗するしかない。

豆の販売に関しても、きめ細かなサービスで対応した。多くの喫茶店では、あらかじめ粉に挽いて包装したものを販売するが、修は注文を受けてから豆を挽き、詰めることにこだわった。豆のままであっても、注文があってから袋詰めをする。他店より商品を手渡すまでに時間がかかることで「時間がないから、もういい」とみすみす客を逃すこともある。それでも、修はサービスを変えない。それは、賞味期限の近い豆、つまり売れ残りの豆を販売しないよう、自らに課していることだった。

「コーヒーは豆で買って、飲む直前に挽いたほうが絶対おいしいですよ」

余計なお世話かと思いながらも、挽いた豆を求める客には、必ずそう勧める。そういう当たり前のことを、コーヒー業界はちゃんと伝えてこなかったのではないか。かつて自分がカフェ・バッハや自家焙煎あまくさ、珈琲倶楽部で丁寧に扱われたように、コーヒーについて質問してきた客には、できる限り真摯に説明をした。

質問をしてきた客のひとりに、現在「オオヤコーヒ焙煎所」や「FACTORY KAFE工船」「CAFÉ GEWA」などを営み、全国で精力的にコーヒーレクチャーも行う大宅稔（おおやみのる）がいる。

六曜社地下店でコーヒーの味に目覚めた、と語る大宅は京都で生まれ育ち、幼い頃から街場の喫茶店で〝ちょっと酸っぱい〟コーヒーに親しんでいた。六曜社に通いつめて10年、大宅はようやく「先輩」修と言葉を交わすことができたと語る。

「コーヒーの焙煎をしていることを明かすと、豆のことから焼き方のノウハウまで、隠さず話してくれた。ついには修さんの焙煎小屋まで連れて行ってもらい、メモも写真も許してくれた。修さんは音楽的にも垢抜けていたし、存在自体がめちゃくちゃ格好良かった。都会派と言うと怒られるかもしれないけれど、何から何まで、とにかく洗練されていた」〔※18〕

このように大宅は、インタビューや自著で、たびたび修のふるまいや存在感について語っている。コーヒーとは、味とは、舌のみで語るものではない。サービスのありかた、店のありかたについても、地下店で学んだことは多かった。

「若かった頃に、修さんの店での言動が印象的で。ききわけのない、お客さんが来たときに『いまいっぱいです』って断ったら『ここあいてるやん』とか食い下がられた。それで修さんがいったのが『それはぼくが決めることです』って。それは意地悪で断ったんじゃなくて、今ここに座ってもらっても、多分その人の入ってきたときの雰囲気ならきっと待たされてイライラするだろうし、その新しい注文を聞くことで待っているお客さんに提供するのが随分遅れてしまう。（中略）それ聞いて『そうか！』と思

ったの。この人ヤクザにも同じように言うんだろうなって」〔※19〕

## 店が軌道に乗る

「喫茶店にいるときぐらいは、ゆっくり過ごしてほしい。一見非効率的に見える取り組みが、長い目で見て店の将来につながっていくはずだ」

　手間を惜しまず、居心地のよさと味を担保する努力を続けた地下店は、コーヒー好きな若者を中心に、徐々にファンを獲得していった。平日は1日約50人、週末は約100人。美穂子の手作りドーナツも店の看板メニューへと成長し、平日は1日50個、週末は100個を出すようになった。それでも午後には売り切れる日も出てきた。

「ドーナツを楽しみに来てくれたお客さんに申し訳ない」

美穂子のそんな思いから、パウンドケーキとロールケーキも家で焼いて店に出すようにした。

この頃、八重子が残したメモ書きにはこう記されている。

「1992年。女性従業員20人。喫茶、不況知らずで好調に推移。次男が1階を担当。三男が焙煎。父親似の凝り性。営業時間は8～23時。7：30より早出をして、掃除他開店準備をする。人手が足りないときは、もちろん自分も店に出る」

息子3人とその家族、ウェイトレスたちが一丸となり、新たな特色を出しながら六曜社を担っていることへの喜びが行間ににじむ。

## 「ちょうどいい」味と店

30代も後半に差し掛かった頃、修は日本酒にはまった。それまで酒はほとんど飲まず、飲んでも安酒ばかりで、最後には決まって吐いてしまった。

酒には向いてないと思っていたが、知人に教えてもらった京都大学近くの「まほろば」という居酒屋で、しっかり温度管理された純米酒のおいしさを知る。1987年に開店したまほろばは、店主の和田康彦が友人と開店。無農薬野菜や天然にこだわった素材で作る手料理はしみじみおいしく、安かった。酒だけでなく、音楽や美術への造詣も深い和田の人柄もあり、文化人やミュージシャン、飲食関係者などで店は常に賑わっていた。修は焙煎が終わると、深夜までまほろばで飲むようになった。味覚だけでなく、店でのさまざまな出会いが視野を拡げてくれるように感じた。

「あれ？　修さん、今日の味なんか違う」

二日酔いで味覚が狂い、時には店のコーヒーに影響が出る失敗もしながら、日本酒に出合ったことで「おいしいってなんだろう」とさらに考えるようになった。

定休日の水曜になると、喫茶店だけでなく、評判のレストランを巡るようになった。

「高いお金を出して、おいしいものが食べられるのは当たり前」

グラスワインは決まって３杯。できるだけいろいろなワインがそろう店を目指す。訪れるたびに仕入れが変わる店。前菜とパスタ、ワイン３杯で１９００円という安さの立ち飲み店。街場の個人店に足を運び、店主や隣客と言葉を交わし、喫茶店マスターとしての立ち居振る舞いにも生かしていく。

小遣いの範囲内で、高級店にも足を運んだ。三ツ星シェフとして名高いフレンチの巨匠ピエール・ガニェールの下で修業を積み、東京の「オーバカナル」などを経て新屋信幸が開いた大阪・日本橋の「キュイエール」。レコーディングやライブで東京を訪れた際には、当時評判だった「コートドール」や「ラ・ベットラ」を訪れた。もちろん話題の喫茶店やカフェにも足を運んだ。

徐々に範囲を広げ、いろいろな店を知るうちに、京都よりは大阪の、それもどちらかというと梅田やミナミなどの中心部よりは、外れの下町にある大衆居酒屋へと足が向くようになった。特に気に入ったのは、昭和5年創業、西九条の居酒屋「白雪温酒場」。開店の夕方5時に行くと、鉄工所や港で働く人たちが次々に入ってくる。

「この前、あそこのヤブ医者がぼりおってなあ」

「ほんまかいな」

常連客たちが笑い、お店の主人も笑う。つらいことも、ここで笑い飛ばして明日に向かう活力に変える。店と客が、付かず離れず、何ともスマートなのだ。客の会話を聞きながら、ひとり、ぼーっと杯を傾け、ぼーっと飲む。いい時間だ。大衆居酒屋でありながら、刺身ひとつとっても、あらかじめ切ったものを冷蔵庫から出すのではなく、注文を受けてから調理人が切って出す。しかも、それが1品200円だったりする。

自分の店も、こうあり続けたい。明日も頑張ろう、と背中を押される。

## 修の変化

店が忙しくなると、いよいよバンドの練習時間がとれなくなってきた。音楽にかける時間が足りない、と感じていたある日、中古楽器店でアコースティックギターの「マーチンD-18」を見かけた。高級メーカーのマーチンは年代物だと100万円台も珍しくないが、それはかなりの掘り出し物。とはいえ、気軽に買える値段ではない。修は何度も店に通い、熟考の末に購入した。

「愛器」を手に入れ、早く焙煎小屋へ行きたいとソワソワする毎日。焙煎作業を終えてひと息つくと、ケースからギターを取り出し、自分の曲を弾きながら歌う練習を重ねる。続けるうち、ギターと歌声がカチリと響き合う「心地よい音」のポイントが掴めてきた。その喜びを誰かに伝えたくなり、カセットデッキ「デンスケ」に自ら録音して友達に配った。

それが評判を呼び、1994年、初の弾き語りアルバム『こんにちわマーチンさん』が生まれた。ライナーノーツ〔※19〕にはこうある。

「中古楽器店でマーチンD-18に出会った。とてもオールドとよべる物ではなく、しかも側板にキズありの14万8千円であった。その値段こそが、一番僕を動かしたのであるが、何度も買うまでにためし弾きをしてきめたのである。

それから僕の焙煎小屋でのマーチンギターとの日々が始まった。最初は指がいたくていやになったが、それもすぐによろこびに変る所が、何かに似ていたりして……いやそういう事ではなくて毎日弾いているうちにだんだん自分の曲が、フィンガーピッキングで唄えるようになっていったのであります。そのよろこびを伝えたくてまだつたない所もあるけれど、焙煎小屋で、カセットデッキで録音して、友達に配ったのが、このCDの原型のカセット作品こんにちは（わ）マーチンさんであります。

ちなみにランベルマイユコーヒー店という曲の頭あたり、焙煎小屋の横を流れる川の音が聞こえるのがちょっと好きです」

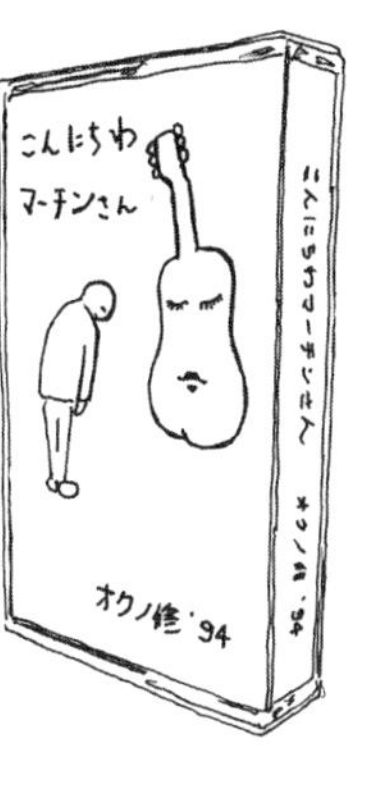

このアルバムを聴いた早稲田大学文学学術院教授でミュージシャンでもある細馬宏通は、修の歌の変化についてこう語った〔※20〕。

「若い時は今よりも透明感のある声だったけれど、アルバム『こんにちわマーチンさん』を聴いた時にびっくりした。一つ一つの発声の中に込められている息の量がちょっと多い。

（中略）だから声量が大きいわけではないのに言葉がはっきり耳に届く。

いわば〝彫刻された声〟の出し方はオクノさんが普段、六曜社で豆を選んで焙煎してドリップしてと、コーヒーをいれていることに似ている気がする。どんなにしんどい時でも何年も続けるということは、ただ丁寧にやる以上のなにかというか、ある手順をすることで満たされるというのか、背筋が伸びる感覚がないとできないと思う。それが音楽に表れている」

地下店を中心とした修の生活は、音楽にも新たな境地をもたらしていた。

## バブルがはじける

「しばらく遊んでてもよさそうやで」

父の實がある日、修に向かってそんなことを口にした。

どうも六曜社が入居する一軒家をビルに建て替える計画があるらしい。戦前からある今の一軒家をこわし、再度新しいビルに入居するまでの約1年間は補償が出る条件で、實も乗り気の様子だ。

「そんなん許されるんやろか」

半信半疑ながら、本当ならそれもわるくない。「まあ、父親がうまいことするやろ」と任せている間にバブルがはじけ、計画は立ち消え。いかにもバブル時代らしい話だったが、六曜社がある河原町通周辺は確実に変貌していた。地価の高騰を受け、櫛の歯が欠けるように個人商店は消えていき、代わりにできるのはカラオケ店やドラッグストアばかり。通りを歩く層も大人から「子ども」へと移り変わった。


2000年代に入ると、1階店の売り上げは徐々に減っていった。バブル崩壊後のカフェ・ブームがピークを迎えるとともに、シアトル発、1996年に東京・銀座に1号店をオープンした「スターバックスコーヒー」が1999年に京都に進出。2005年には京都に14店を展開するに至る。同じくシアトル発の「タリーズコーヒー」も2002年、四条烏丸（からすま）に京都1号店を開店。1杯380円だった六曜社に比べて、300円前後で本格的な味が楽しめる外資系チェーンの上陸は、個人営業の喫茶店にとって大きな逆風だった。ブームにあおられ地元チェーンの開店も続き、京都はコーヒー激戦区に。地価も家賃も高騰し、この時期、廃業する個人店が急増した。

修の営む地下店にとっては、ブームは追い風だった。「カフェ巡り」する若者たちは、よりおいしく新しい喫茶体験を求めてやって来る。豆の購入者もうなぎのぼりだった。

「お前んとこは、ずーっと、ほんの少し黒字や」

ある時、修は父から褒められた。地下店と1階店の家賃の合計は65万円。地下店の喫茶だけでその半分を払う売り上げがあるとのこと。

「あと何年もつやろな」

實は時折、弱気な言葉を漏らすようになっていた。モーニングや豆の販売はせず、いっぽうでサービスの質は落としたくないと、店員3人を常時フロアにおくスタイルを変えずにいる1階の営業は厳しいようだった。昭和50年頃まで続けた副業の不動産業による蓄えでなんとか赤字を補っているようだ。

「喫茶業で儲けるつもりはないんやろうけど、大丈夫かな」

これまで経営は實に任せきりだったから、急に口出しするのもはばかられる。自分が担うのは、20年以上コンスタントに売り上げを確保してきた地下店を保つことだ。売り上げを伸ばすため、豆の販路を広げることもできた。豆の売り上げは、月平均10万円に上る。全国にいる顧客の住所を記したノートは既に4冊に及び、注文は店の固定電話での受付のみ。ネット販売をすれば飛躍的に売り上げが伸びるだろう。しかし修は踏み切れなかった。ゆったりとした時間を提供する喫茶店営業こそが本分。ひとりでできる焙煎量には限界があり、無理をすれば必然的に質が落ちる。本業にも影響が出るだろう。そこは父も同じ考えのようで、修に無理を言うこともなかった。

「お前らで最後にしいや」

正月に家族が集まるたび、父は息子たちに声をかけた。六曜社は2代で終わりにしよう。酔った上でのたわごとなのか、それとも本音なのか。家族はみな真意をつかみかねていた。

## 変わらず、変わる

それから10年が経った。かつては個性ある商店が競い合った河原町通界隈にはますますチェーン店が増え、全国どこにでもあるような街並みに変わり果てていた。そんななかでも六曜社はなんとか踏ん張りながら、変わらず営業を続けていた。2010年を過ぎた頃から、日本にも新たなコーヒーの潮流「サードウェーブ」がやってきた。近代から1960年代まで大量生産・大量消費で普及が進んだ「ファーストウェーブ」、アメリカ・バークレーやシアトルなどで広まった、深煎りで高品質の豆を使い、カフェオレやアレンジコーヒーが定着した「セカンドウェーブ」。それに続く「サードウェーブ」は、豆の産地への配慮から素材、淹れかたまで、各々の工程にこだわったスペシャルティコーヒーを1杯ずつハンドドリップで淹れるスタイルだ。それは修がこれまで地下店で実践してきたことであり、地下店にとっては大きな脅威とは思えなかった。客層も客足も、地下店が軌道に乗ってからはずっと変わらず順調だ。ただ、その動きのなかで新鮮だったのは、浅煎りの味が支持を集めていることだった。

「あんまりおいしいとは思わんけどな」

地下店ではこれまで、浅煎りのコーヒーは提供していなかった。苦味が少なく、さっぱりした浅煎りの味は、修の好みではない。ブームを意識して半ば試す気持ちで浅煎りのタンザニアをメニューに加えたところ、一定の支持を集めた。知り合いの喫茶店からは、浅煎りを混ぜたブレンドの注文もあった。あくまでも軸は変えずに、でも、決して変化を恐れない。

それは焙煎も音楽活動も一緒だった。2000年4月に、あのファーストアルバム『オクノ修』が独立系レーベル「VIVID SOUND」によって28年ぶりにCD化された。かつて修が奏でた音楽は新鮮な驚きをもって若者に受け入れられ、当時河原町にあったCDショップ［ヴァージン・メガストア京都店］では、邦楽部門売り上げ第2位を記録。

「もともと仲間とのんびりつくったアルバムで、東京とは異なる独特の雰囲気があった京都発の音楽。シンプルなだけに時を経ても古くならないのかもしれない」〔※20〕

その翌年には『胸いっぱいの夜』『BEAT MINTS SLOW MINTS』『ミントスリーピン』『12ソングス』『こんにちはマーチンさん』と、1970～1990年代に発表した過去の作品が軒並みCD化した。2001年に新作ソロアルバム『帰ろう』、2003年『唄う人』、2006年『てのひらのなかのうた COFFEE SONGS』、2016年『ホジキンソンさんの言うことには』。「普通に暮らしているなかで生まれる感情」を原点に、店の定休日の水曜に限るライブ活動はもちろん、オムニバス作品への参加など、今もマイペースに活動を続けている。

夜はつめたく
うごかない
真夜中の
暗い
うごかない
ドアはしめられ
うごかない
屋根の下
手をのばしても
とどかない
僕はかたまり
うごかない
ゆうえんちのように
空まで
街は宿なし
うごけない
僕はよこたわり
ホジキンソンさんの
言うことには
オクノ修
胸いっぱいの夜
Publishments HIMICO
RAMBELLE 0001
33⅓RPM
STEREO

ミュージシャン、オクノ修の音楽を広く世に広めた功労者のひとりに、編集者であり、音楽レーベル「compare notes」やリソグラフ印刷スタジオ「hand saw press」を営む小田晶房（あきのぶ）がいる。1967年生まれの小田が修を知ったきっかけは、コーヒーではなく音楽だった。

「中学生のとき、フォーク喫茶むい周りの音楽家として修さんを知り、拾得でビートミンツのライブを見て興奮していました。すごく格好良くて、当時から今もずっと憧れの、アニキ的存在。これは僕だけでなく、京都で音楽や店をやってる人には共通する感覚だと思うけど。今でも喋るとき、ちょっと緊張する（笑）。実は、六曜社の1階店にはうちの親も通ってて、僕も中学くらいのとき、イキってこっそり足を踏み入れていたけれど、修さんとは結びついていなかった。むいが閉店する前後くらいに、修さんが六曜社の人ってことを聞いて、地下店まで行った記憶があります。初めて修さんとまともに口をきけたのは大学生のとき。ライブの出演依頼です。当時、修さんは音楽活動をセーブされていたので出演は叶わなかったけど、その後も『京都にはこんなすごい人がいる』と触れまくってました。大学を卒業して音楽や編集の仕事をするようになっても、修さんみたいな音楽家には会えなかったんです」

取材でミュージシャンの久保田麻琴の自宅に行った際、修の幻のファースト・アルバムが置かれているのを見て驚き、思わず修の音楽について語り合った。久保田は、修がいまだ音楽を続けていたことを知り、数年後、久保田の尽力でCD化が決定、それまでの修の活動が広く知られるきっかけとなった。また、「OZディスク」主宰の田口史人とは、共同でオムニバス・アルバムを制作する際、修の名が自然に口をついた。田口も「すきすきスウィッチ」の佐藤幸雄経由で偶然修のライブを耳にしたことがあり、音楽家としての修の再評価に加担した。また、80年代後半に六曜社に通っていた〝漫筆家〟安田謙一が、『りぼん』付録のソノシートに修たちのバンド、コンドアウトキの曲が収録されていることを発掘。OZディスクからの『胸いっぱいの夜』にボーナストラックとして収録されることとなる。このようにして、修の理解者が徐々に手を結び合い、音源が世に出る流れが作られていった。

「だって修さん、自分では言わないんですよ。変な欲がない人だから。例えば、鎌倉の「カフェ・ヴィヴモン・ディモンシュ」の堀内隆志さんが、修さんの店や音楽を評価したことでカフェ・ブーム的な流れと合流して全国的に脚光を浴びたように、修さんは変わらないのに周りが勝手に騒ぐことで、結果的に支えているのかもしれないですね」

2002年以降、それらの修の音楽作品を多く制作・販売する「オフノート」レーベルのオーナー、神谷一義も、小田がきっかけで修の音楽を知ったひとりだ。

「2001年のある日、旧友の小田さんから3枚のCDをもらったんです。当時オフノートはインストが中心で、新しい展開がほしいと模索していた時期。そんなときにオクノさんの作品を聴いて、これだ、と。それから1週間、毎日繰り返し聴いて。すごく心にじわじわきた。曲がいいのはもちろんだけど、この人はどういう生き方をしてきたんだろう、と。思いが募って地下店に電話をして、まずライブの出演依頼をしたんです。そのライブは日曜で、『店のある日だから』と断られたのですが、それから少しずつ電話をするようになりました。音盤を制作するのが僕の仕事なので、なにか音源でもあれば、と話したら、オクノさんから未発表のカセットテープがどさっと届いた。個人的にも、『歌のほうにシフトしてみよう』とふり切れたきっかけとなりました」

修とは、音楽以外のところでも共通したなにかを感じる、と神谷は続ける。

「僕は20代のときに竹中労さんにものすごくお世話になったことがあり、竹中さんの紹介で黒川修司さんとも交流があった。オクノさんとよく一緒に演奏されているベースの船戸博史さんとも昔から一緒に仕事をしていたし……彼らと特にオクノさんの話をしたことはないんですが。僕とオクノさんにしかわからないようなものがあるって気が不思議とするんです。六曜社の名前は10代の頃から知っていました。高田渡のエッセイにも出てくる、京都の名店ということで。そこのマスターだと知って、改めて驚きましたね。旧音源を3枚リリースした後に初めて六曜社を訪れて、その後たびたびライブをご一緒するうちに明け方近くまで酒を飲んで……というふうにオクノさんとは交流が深まっていき、ソロ以外も含め、現在までで10作品を作りました。彼は、『自分は数年に1曲くらいしかできないし、アルバムは10年に1作できるかどうか』というスローペース。曲ができそうだ、ってときに連絡をもらって、制作に入ります。音楽を生業にしていないからこそのやり方と言えるけど、歌が片手間ってことじゃない。生活があって歌がある、そこがオクノさんの魅力だし、居場所をいくつか持っていることで、音楽の新鮮さを保っていられるんじゃないかな」

2007年、小田が渋谷で［なぎ食堂］〔※22〕を始めることになったとき、飲食店の先輩である修にこう言われたという。

「『店はね、ずっとそこに立ってなきゃだめだから大変ですよ』みたいなことをつぶやかれて。それを受けて、ともかく最初の3年はずっと店にいようと決めました。例えば、京都にイベントとかで帰ったときは、サウンドチェックと本番の間10分だけでもひとりで六曜社に立ち寄るようにしていたんですよ。修さんとはひと言ふた言交わすくらいだけど、それでもなんかホッとするんですよね。喫茶店って、すごくおいしい必要はなくて、ちょうどいいというか……まあ六曜社のコーヒーはおいしいんだけど……そこに修さんが居てくれるってことこそが大きかったんだ、と。自分にとって中学生から40年近く知ってる大師匠なのに、変な重みを持たず普通に店にいてくれることのありがたさ。20年、30年単位で、昔と変わらない場所って、実はそんなにないんですよね」

修にとっての本業は、あくまでも喫茶店のマスター。毎日朝から晩まで店に立つのが基本だ。

「汗を流して日々を生きるなかで切実感が生まれ、そこから、いい歌が生まれるはず」

そんな毎日から生まれた歌が、２０１９年には絵本〔※23〕になった。アルバム『帰ろう』収録の、ライブでもよく歌われる短い曲だ。

ギターの弾き語りでゆったりと歌われるこの曲は、なにげない朝の風景を淡々と描く。

〽ランベルマイユのコーヒー屋さんから
朝のかおりがたちこめて
夢みていた人たちが
今日の仕事を始めるとき
来る日も来る日も　また次の日も

おなじ香りのコーヒー　いっ杯
夢みていた人たちに
深い香りのコーヒー　いっ杯

15年越しで絵本化にこぎ着けた広島在住の画家ｎａｋａｂａｎは、その曲の魅力をこんな風に表現している〔※24〕。
「コーヒーのことを直接歌った歌は意外にも少ない。それを簡単に歌にしないことでオクノさんはどこかコーヒーの秘密を守っているようなところがあるように思ってしまう。そんな中、『ランベルマイユコーヒー店』は、オクノさんの数少ないコーヒーの歌だ。ランベルマイユというオクノさんの心の中の街の、コーヒーの香る朝の風景を歌っている。短いけれどその歌はとても印象深くて、その街もそのコーヒー店もどこかに本当に存在しているように思えてしまう。そう思うのは僕だけではないらしく、オクノさんを知る誰もがその歌について語るとき、ほんの少し夢見がちな遠い目になるのだった。うまく言えないけれど、『そういうこと』ってすごくいいなと思う。そしてこの世界には『そういうこと』が少し足りないなとも思う。（中略）長い人生のうちで一日の始まりがつらい日も多い。でも一杯のコーヒーのその香りに包まれているうちに、いつの間にかそのつらさから救われてしまっている、ということはないだろうか。僕にはある。それに、どこかで同じようにコーヒーをすすっているひとがいると想像すれば、不思議と呼吸は深くゆっくりになる。きっとこの歌は、そのようなことを歌っている」

修は、日々のなかでひと息つく時間、いわば「生活に句読点を打つ場」を提供する仕事に、徐々に喜びを見いだしていった。

「地下店では開店の頃から、若者からおじいちゃんおばあちゃんまでお客さんの層がずっと変わらない。そんな場所を今の時代でも続けられていることが、なにより嬉しい」

高校時代から交流のある高田渡が、亡くなる直前の2005年、雑誌の取材〔※25〕にて、六曜社についてこう述べている。

「本当のご贔屓(ひいき)は35年以上通いつづけている京都の〈六曜社〉。1階、地下で雰囲気が全然違うんだけど、僕が好きなのは地下。昔は東京にも、行けば誰かしら仲間に会える店があって、何軒も放浪してはコーヒー1杯で何時間でも話し込んだもんだよ。僕にとって喫茶店はコーヒーの良し悪しじゃないんだ。そこに漂う空間や染みついてしまった時間なんかが好きなんだよ。僕の思い出は、もう〈六曜社〉にしか残っていないんだけどね」

修が長い時間をかけて、喫茶店や音楽にかけてきたことが、しっかりと言葉になっていた。

亡くなる数カ月前、高田はふらっと店に現れたそうだ。酔いどれの歌い手はカウンターに座り、コーヒーではなくウイスキーのロックを何杯も傾けた。やがて、彼が持ち込んだ日本酒へと移り、語り合ううち、彼がぽつりとつぶやいた。

「あー、ほんとに歌を歌ってきてよかった」

音楽業界の商業主義とは別のところで、時流に惑わされず、力まず、「生活」を歌い続けた先輩の最後の言葉は、今でも修を温かく包み、励みとなっている。今日も朝から晩まで、修は好きな音楽とコーヒーに向き合っている。

jangologie
喫茶店とは、あくまでもぼんやりと
自分の時間を過ごすところ。本を読み
仲間と語り、見知らぬ人と出会う場所。
「店に立つほうはのんびりしてるように見えないと」

※10　永島慎二『青春残酷物語　フーテン（シリーズ黄色い涙）』初出　1967年〜68年『COM』

※11　1967年〜1969年に関西を中心にたびたび開催されたフォークソング集会。日本の野外音楽イベントの先駆けのひとつ。

※12　竹中労「まず隗よりはじめよ」『週刊読売』1970年7月10日号

※13　「人気まんが家DJレコード」集英社　1971年

※14／※16　『ロック画報9』オクノ修インタビュー　聞き手・文　野田茂則　2002年

※15　黒川修司『オキナワ　マイ　ラブ』ひるぎ社　1994年

※17　『遺産相続』（東映）監督・降旗康男　1990年

※18　オオヤミノル『珈琲の建設』誠光社　2017年

※19　『こんにちわマーチンさん』カセット　1994年　CD版は2002年、オフノートより再発

※20　京都新聞　記事　2016年6月3日

※21　京都新聞　記事　2000年9月4日

※22　2007年オープンのベジタリアン食堂。『なぎ食堂のベジタブル・レシピ』『野菜角打ちなぎ食堂のベジおつまみ』（ともにぴあ）、『渋谷のすみっこでベジ食堂』（駒草出版）など、食堂を元にした書籍も。

※23　オクノ修／詩　nakaban／絵　『ランベルマイユコーヒー店』ミシマ社　2019年

※24　「みんなのミシマガジン」2019年6月　nakaban／オクノさんと「ランベルマイユコーヒー店」のこと　https://www.mishimaga.com/books/tokushu/001262.html

※25　『BRUTUS』COFFEE AND CIGARETTES 特集　2005年3月15日号　マガジンハウス

地下店のマスターを務める奥野修

〈地下店〉 名物のドーナツと自家焙煎コーヒー

1階店を営む、三代目・奥野薫平

〈1階店〉朝8:30からのモーニングセットも人気

# １００年へ／薫平

## 薫平

地下店に入り、カウンター席のいちばん奥へ。ここが、幼い薫平の定位置だった。創業者の三男として地下店を切り盛りする修と妻美穂子のひとり息子。縦長の店内は、椅子と壁の間を人ひとりがなんとか通れるぐらいの幅しかない。長く座っていても客の邪魔にならないのがそこだった。

「なんか飲む？」

学童保育所が終わって共働きの両親の職場に来ると、決まって「特製」のミルクコーヒーがもらえる。ここで好きな絵を描き、退屈を持て余すと、もらった百円玉を握りしめて、すぐ近くのボウリング場「京劇ドリームボウル」に行き、ゲームコーナーで遊ぶ。ときどき、祖父母が営む六曜社1階店を訪れ、こちらではレモンスカッシュを飲む。喫茶店は生活の一部。薫平は、喧騒の河原町で育った。

小学校3年から少年野球団に入り、野球に夢中になる。周囲の親たちは熱心に応援に駆けつけるが、両親は家業が忙しく、ほとんど試合観戦に来ない。練習や試合のと

地下店に入り、カウンター席の
いちばん奥へ。ここが幼い薫平の
定位置だった。長く座っていても
客の邪魔にならない
のがそこだった。

き、母はいつも水筒を持たせてくれたが、野球をまったく知らない母は、甘いミルクコーヒーか紅茶を入れた。ほかの子はもちろんお茶かスポーツドリンク。恥ずかしいので、薫平は周囲にばれないように飲んだ。

「いつか甲子園に出て、プロ野球選手になりたい」

そんな夢を思い描いていた小学校5年の夏休み、事件は起こった。学校のプール開きの後、海水パンツを結んだ紐がほどけなくなり、薫平は水着の上から服を着てそのまま帰宅した。ひとりでなんとかしようと糸切りバサミで紐を解こうとしたところ、勢い余ってハサミが左目を突いてしまった。ドーナツを店に届けようと準備していた美穂子は慌ててタクシーを呼び京大病院へ。緊急手術は成功したものの、網膜剝離に悩まされて入退院を繰り返し、結局1年間、学校へ通えなかった。両親は忙しいなかをぬって毎日のように見舞いに来た。修は大抵マンガを持って来て、薫平が夕食を済ませるのを見届けて帰る。母も、いつも以上に優しかった。長い入院生活。病院の6人部屋では、大人の患者たちと将棋をしたりマンガの貸し借りをしたり。病室の和やかな雰囲気に慰められた。幼いながら親と離れ、大人に紛れて生活した経験は、薫平をぐっと大人にした。なにより、人に感謝する心が芽生えたと感じる。

## 夢と挫折と

1年のブランクと左目が不自由になるハンデを負いながらも、薫平は夢を諦めず野球を続けた。地元の公立中学に入ってからも、野球漬けの日々。野球部に入り、エース投手として活躍した。高校は、甲子園出場の常連校である名門、平安高校（現・龍谷大学付属平安高校）を選んだ。早速硬式野球部に入るが、そこで初めて自分のレベルを思い知らされる。ほとんどの部員はスポーツ推薦で入学した猛者。薫平がいた中学の野球部は、1、2回戦を突破するのがやっとだった。走り込みなど、それまでの練習量があまりに違う。薫平は、入って1週間も経たず退部してしまった。

「野球ができないなら高校に行く意味なんてない」

退学しようとまで思い詰めたが、意外にも、いつも自分に無関心に見えた父が引き止めた。

「高校ぐらい行っといたら。そのなかで、また別の夢中になれることを探せばいい」

そっちは高校中退やん。思わず心の中でツッコミを入れながらも、私立高校に通わせてもらっている手前、わがままも言えない。

初めての挫折に直面し、悶々とする日々。そんなとき、同じ中学だった先輩に軟式野球部を勧められた。平安高校は軟式でも全国大会に行く強豪校だが、硬式ほどの厳しさはないという。

思い切って転部したのがよかった。日々練習に邁進し、秋の公式戦初登板ではノーヒット・ノーランを達成。2年に進級した春の京都大会では、「背番号10」のエース格として出場し、決勝まで進んだ。しかし、熱戦の末延長戦となり、押し出しフォアボールでサヨナラ負けを喫してしまう。それでもチームからの信頼は変わらず、高校2年夏の京都大会でもピッチャーを任された。決勝まで進んだが、ここで悪夢のような展開に。9回裏、1点差で上回るなか、2ストライク・ノーボールで追い込んだ後からヒットを連打され、ランナー2、3塁で敬遠を指示され、満塁となった局面で交代を告げられた。結果的にチームは勝利し、優勝を遂げたが、薫平には2度の重要な試合で結果を出せなかったという思いがくすぶる。その後の近畿大会で、チームは勝利を逃した。

「先輩を全国大会に連れて行けなかった」

その後も、大舞台になればなるほどコントロールが乱れ、1試合を投げきれない。3年に進級し、エースナンバー「1」を背負ったが、最後の夏の大会では「背番号

10」へと降格。卒業までに念願の全国大会出場を果たすことができなかった。

「燃え尽きた」

そう思うほど、野球がすべてだった。同級生のほとんどは大学進学を選んだが、勉強には興味が持てない。自分はなにをしたいのか。すっかり方向を見失ってしまった。

## 卒業後の進路

自宅には父の集めたレコードがあふれ、日頃から音楽に接していた。中学時代、友人と遊びでバンドを組んだこともある。左利きだから、父からお下がりでもらったアコースティックギターを逆にして弦を張りなおし、曲を作ったこともあった。詩も書いた。野球を始める前は漫画家に憧れたこともある。なにかを作り出すことに関心があった。

「シンガーソングライターなんてどうだろう」

家で曲を作りながら、模索する日々が続いた。

高校卒業を間近に控えても、進路は一向に決まらなかった。そんなときでも、両親は特にアドバイスや説教をしてくる様子はない。薫平は、慌ててアルバイト先を探した。

「このままプー太郎生活で親のすねをかじったままでは恥ずかしい」

北山通近くにある洗練されたカフェの面接を受けてみたが、アッサリ落ちた。めげずに無料求人情報誌をぱらぱらとめくっていると、「前田珈琲」の名が目に止まった。試しに、京都の街中にある明倫店へと行ってみる。閉校になった明倫小学校の教室を利用したレトロな雰囲気がすっかり気に入り、軽い気持ちで応募すると、面接の打診があった。

面接は、創業者の長男である前田剛が対応してくれた。履歴書の「続柄」欄に父の名前を記したため、その名を知る剛から六曜社の息子かと尋ねられた。できれば知られたくなかったが、京都の街で同業者に嘘をついても仕方ない。

「はい、六曜社の息子です」

しばらくして、前田珈琲のアルバイト採用が決まった。おしゃれな明倫店を希望したが、配属されたのはオフィス街の一角にある室町本店。１００席ほどの店内は、創業時の趣を残す年季の入った内装で、喫茶店というよりは食堂に近い印象。おしゃれとはほど遠い。創業者の前田隆弘夫妻がいまだに店に立ち、スタッフ４人とともに店を切り盛りしている。息子である剛が「いずれ家業に入るだろう」と配慮し、経営哲学を学ばせるため、創業者の傍らにつけてくれたようだ。

## マスターの背中

「継ぐつもりなんてないのに」

不本意ながらも、薫平は前田夫妻とともに店に立った。接客係として注文を取り、マスターの淹れるコーヒーや料理を運ぶ。客のほとんどは常連さん。顔を覚えることから始まった。

「あそこの人、フレッシュはいらん」

「あのおっちゃんはいつも休憩で来はる」

マスターと常連客の間には、長い時間に培われた、あうんの呼吸があった。常連客のなかには、マスターとの会話のために来店しているような人もいる。喫茶店の接客は、単純に注文を取って運ぶだけの仕事ではないということが、経験を積むごとに感じられた。

平日のランチタイムで混み合い、テーブルに水やコーヒーをすぐに運べないことがあると、隣から低く声が飛ぶ。

「今すぐ持っていけよ！」

「そんなん、無理ですって」

つい口答えしようものなら、怒声が跳ね返ってくる。

「無理という言葉を使うな。何とかせい！」

蹴りが飛んでくることもあった。厳しい上下関係は、野球部である程度は経験してはいたが、比ではなかった。


客が途切れると、マスターはよく昔の話や仕事の流儀について話してくれた。「ワールドコーヒー」「イノダコーヒ」での修業時代。10坪、席数15席ほどの小さな店から喫茶店を始めたいきさつ。1971年の創業以来、1日も休まず、時には店に泊まり込みで営業を続けたこれまでの歩み。60歳を過ぎたいまも、マスターは休みなく働き続けている。

「反抗するな。甘えるな。もっともっと考えろ。信頼される人になれ。信頼を得て初めて、やりたいことができるんや。組織ではまず、上に気に入られることが大事。人の嫌がる仕事を率先してやれ。それをできる奴が上がっていくんや」

その言葉には温もりが感じられ、「育てよう」という思いが常に宿っていた。小遣い稼ぎのつもりだったはずが、いつしかマスターの背中を追うようになっていた。

「仕事をするって、これぐらい本気じゃないと」

ふと、六曜社の1階に立つ祖父を思った。六曜社に足を運んでも両親がいる地下店に入るのがほとんどで、祖父の姿を店でまじまじと見ることは少なかった。身内だけに、今さらかしこまった話をするのは照れくさいが、傍らで吸収できることは多いに違いない。いつしかマスターの姿に、祖父をだぶらせるようになった。

## 家業を継ぐということ

前田珈琲は、ちょうど父から息子へと代替わりを果たそうとしていた時期だった。2代目となる剛は、業務の拡大を図っていた。室町本店を改装し、支店を増やし、地元の人々が普段使いするオフィス街の小さな喫茶店から、観光客も集める店へ。明倫店はそのさきがけだった。

「社員にならへんか」

アルバイトとして働き始めて1年半、20歳になろうというとき、剛に声をかけられた。

「うちも全国区になろうと頑張ってる。薫平がいてくれたら助かるし、きっとおもろいぞ」

剛は薫平の「根性」を買っていた。

「マスターの厳しい指導にもめげない強さと、まじめでウソをつかない性格は必ずうちの戦力になる」

剛の誘いを薫平は迷いなく受け入れた。喫茶業をいちから教えてくれたマスターへの恩義に応え、できる限り前田珈琲に尽くしてみたい。2003年、社員登用を機に実家を出て、京都市内でひとり暮らしを始めた。

20歳になったとき、薫平は祖父の實に成人を迎えた挨拶をするため、地下のバーへ行った。その頃、實は1階店の仕事が終わると毎晩のように地下店のバーで酒を飲んでいた。薫平は晴れ晴れとした気持ちで祖父とカウンターに並び、杯を傾ける。

「いずれ六曜社を継ぎたい。これから先も店を残したい」

前田珈琲でマスターの背中を見ながら膨らんでいた思いを、このとき初めて祖父に明かした。實は、「薫平の好きにせい」と少し嬉しそうに呟いた。

「いずれ六曜社を継ぎたい」
前田珈琲でマスターの背中を見ながら
膨らんでいた思いを、實に明かした。
「薫平の好きにせい」

前田珈琲の社員になった薫平は室町本店でホールチーフを担いつつ、社長に就いた剛に同行して全国各地で催事を手伝う。東京を中心に、全国の百貨店で開かれる京都物産展への出店だった。それまでの京都物産展では老舗のイノダコーヒが中心だったが、そこに前田珈琲が参入。イートインスペースを設け、明倫店で人気だったカプチーノパフェを核に販売。社長がドリンクを、薫平が接客を担当する。半年に1度だった催事は徐々に増え、毎月出張に出かけるようになった。前田珈琲の知名度は飛躍的に上がり、観光客も激増した。

「こんなんしてたら、常連客を失うわ」

息子の剛に代を継いで会長に退いたのちに店に立ち続けるマスターは口ではそう言いながらも、息子が店を成長させようとしていることに、喜びを感じているように映った。

「店が大きくなっていくのが嬉しいんや」

ときどきマスターは、薫平にそんな思いも漏らした。薫平は徐々に喫茶の仕事に誇りと自信を持ち始めていた。代替わりの様子や、店を残し、続けていくことの実情や意義を目の当たりにしたことで、「いつか六曜社でやれたら」という気持ちは日に日に増していく。

その後薫平は、憧れだった明倫店や観光客の多い錦店の店長を任された。店の責任者としてアルバイトを教育し、空間作りにも気を配る。毎月の売り上げを集計し、会社に報告する。忙しく、充実した日々があっという間に過ぎていく。時折、アルバイト時代のお客さんとの密なつき合いが懐かしくなった。

「店主の目が届く範囲のなかで完結する小さな喫茶店のほうが、自分には合っているかも」

まだ20歳そこそこの薫平だったが、マスターや祖父ほど年の離れた常連客との交流は、苦でないどころか心和む時間だった。老若男女、さまざまな年齢の人への親しみや会話のリズムは、幼き頃の入院生活で培ったものだと、ふと気づいた。

「経験に無駄なことなんてない」

## 家族の変化

六曜社地下のバーで家業への思いを祖父に明かしてから3年が過ぎた2006年。もともと心臓が悪く、70代で生体弁を入れていた實が、新たな弁の交換手術をした翌日、帰らぬ人となった。脳梗塞を起こしてしまったらしい。83歳。あまりに突然のことだった。

いつも無口で無愛想だった實だが、最後の数年は人が変わったように口数も増え、人当たりもよかった。

「昔に比べたら仏様みたい。人間っていうのは、そうやってつじつまを合わせるんやな」

八重子はウェイトレスたちにそう言っては笑っていたが、そんな日々は長く続かなかった。眠るように静かな實の顔と対峙(たいじ)し、涙も見せず、八重子は語りかけた。

「いろいろ我慢してため込んできたこともあるけど、最後に優しくしてくれた。それで、チャラや」

祖父の隣で喫茶店のノウハウを学ぶ……ささやかな薫平の夢は、あっけなく絶たれた。

實が亡くなってほどなく、歴代の従業員や常連客たちによって、平安神宮近くの寿司屋でお別れ会が開かれた。社長を引き継ぐこととなった長男の隆が喪主挨拶をすることになった。

「ちゃんと挨拶できるんやろか」

いつも口数の少ない隆。薫平はちょっと心配だった。

「……みなさま、これからも六曜社を宜しくお願いします」

堂々と、心のこもった挨拶に驚くと同時に、伯父の存在を頼もしく感じた。

「ちょっと話そか」

散会後、父から誘われ2人で会場近くの［Bar K6］に入った。父子でそういう場所へ行くのは初めてのことだった。話すのは今しかない。カウンターに並んで座った途端、薫平は意を決して自らの気持ちを口にした。

「六曜社を守りたい。店を継ぎたいと思ってる」

「………いらない」

父からの思いがけない返答に、二の句が継げないでいると、修は重い口を開いた。修が薫平を誘ったのは、六曜社の厳しい経営現状を告げるためだった。

「泥船とまでは言わないが、六曜社は儲かっているとは言い難い。特に1階店の落ち込みがひどいようだ。今後の見通しは明るくはない。会社員として働いてる息子を、とても迎えられるような状況じゃないんだ」

初めて知る六曜社の苦境だった。

實が亡くなり、1階店は祖母の八重子と次男のハジメ夫妻を中心に営まれていた。地下店は、昼間は三男修夫妻、夜のバーは長男の隆が担う。三兄弟も、みな還暦に近づいていた。しかし、このタイミングで家業に加われないとしても、このまま前田珈琲で働き続けるという選択肢はもはや薫平のなかで消えていた。

「それならば、これまでの経験を生かし、自分の理想とするような喫茶店を作ってみたい」

「なら、そうしたら」

息子といえども深く介入しない修らしく、実にあっさりとした答えだった。

實の死の1カ月後、再び事件が起こる。八重子とともに1階店を担っていたハジメ夫妻が、店を去ると言い出したのだ。きっかけは、ちょっとした兄弟間の諍いだった。

「結局はおやじの店。自分が作ったわけじゃないし、看板は越えられない。30代からやってみたかったことを、今こそやる」


八重子は引き留めたが、ハジメの決心は固かった。家族みんなで守ってきた六曜社にとって、實に続く欠員は大きな痛手だ。しかし、その決断を受け入れざるを得なかった。

創業者として存在感を発揮していた實の重しが失われたことで、六曜社のバランスは大きく変わり始めた。

## 理想の店を作る

喪が明けてから、薫平はまず前田珈琲のマスターに独立の気持ちを伝えた。

「ここで学べるだけ学べ。俺らを利用しろ」

いつもそう言ってくれていたマスターは、もちろん反対しなかった。かつてのマスターも、そうやって自らの店を作った。

「やってみろ」

飾りのない言葉に後押しされた。

そこから薫平は居抜きで使える店舗を探し続けた。

「あの六花が移転するらしいよ」

六曜社のベテランウェイトレス「はっちゃん」こと小堺肇子(はつこ)から耳よりな知らせを聞きつけ、薫平はこれまでにないほどの期待に胸をふくらませながらすぐに店へ向かった。「喫茶 六花」はパフォーマンスグループ「ダムタイプ」の一員でもある美術家、小山田徹が内装を手がけた雰囲気のよい店で、薫平も訪れたことがあった。賃料を尋ねると、なんとかなりそうな額。内装はそのままに、店主のはからいで店にあった食器や家具などを格安で譲り受けることができた。これで、場所のほうは整った。

アルバイト時代を含めて前田珈琲で7年半の時間が経っていた。25歳となった薫平は、正式に剛に独立の意向を伝えた。

薫平は週に1、2日ほど六曜社の1階店で皿洗いのアルバイトをさせてもらいながら、開店準備を進めることにした。

さて、自分の理想の喫茶店とはどんなものだろう。あらためて問い直す。喫茶店についての著作の多い川口葉子の本〔※26〕で見つけた言葉に、共感を覚えた。

「蕎麦屋の引き戸を開けるひとは、香りたつ新そばをつるつるっとたぐるのが目的だ。寿司屋の暖簾をくぐるひとは、頭を新鮮な寿司ネタの映像でいっぱいにしている。でも、カフェの場合はそうではない。

カフェの扉を開けるとき、ひとはかならずしもコーヒーが飲みたいわけではない」

喫茶店に入る目的は人それぞれで、もちろんコーヒーもそのひとつだが、友人との会話だったり、日記を書くことだったり、気分を変えることだったり、千差万別であることこそが魅力なんじゃないか。

「懐の深い喫茶店と気軽なカフェの中間」

そんな店のイメージが浮かんだ。とすれば、メニューも幅広く。自家製ケーキはもちろん、前田珈琲のように、パスタやサンドイッチなどの軽食も出したい。ホールでの接客スタッフが必要だ。

「どっちに転ぶかわからないけど、ついてきてほしい」

薫平は、前田珈琲で一緒に働いていた荒井めぐみと真田尚子に声をかけた。ともに、いずれ開業を目指していると聞いたことがあった。2人ともひとり暮らしだったので、それぞれ固定給月16万円前後を約束した。荒井はケーキ作りを中心に担い、真田は主にホールでの接客を担当する。薫平はコーヒーと調理を担当ということで、店の方針が固まった。

「豆はやっぱり自家焙煎でないと」

父の焙煎小屋や、前田珈琲での焙煎の様子を傍らで見てはいたが、実際の焙煎経験はない。修が所有する小さなサンプルロースターを譲り受け、自宅で使えるようカスタマイズして、生豆を焙ってみた。自分の理想は、奥行きがありつつもすっと引いていくような、毎日飲める味。開店準備期間中、試行錯誤を経て完成したオリジナルブレンドには「飲む音楽」と名付けた。コーヒーはBGMに似ているという思いから、日常使いできる「邪魔をせず心地いい味」を目指す。味や香り、苦みに酸味……、さまざまなハーモニーを奏でるところも、音楽的であると感じた。

退職後、あっという間に半年が経った。２００９年12月、薫平は理想を形にした小さな喫茶店の開店にこぎ着けた。店名は［喫茶ｆｅカフェっさ］。不思議な店名の由来について、薫平は開店当時の取材でこう述べている〔※27〕。

「こんなジャンルがあったらいいよな、というのを店名にしました。（中略）漢字やひらがなが多い店名は喫茶店的になるし、英字やカタカナだけだとカフェのイメージを持たれる。僕が作りたいのは、喫茶店やカフェの区別を越えて、『好きな場所に老若男女が集まれる』というジャンルのお店なんです」

かつての入院生活で感じた老若男女が集う理想の風景への思いもこめた。店の場所は、古川町商店街の路地を入ったところ。祇園から歩けなくはないが、観光地というよりは、地域密着の昔ながらの商店街のそばにあった。自分の店を持つなら、地元の人が集うような場所にしたい。開店を告げるチラシを自作し、近隣にポスティングした。

12坪の店内にはテーブル席が6つ。ブレンドコーヒー1杯400円。オリジナルブレンドのほか、コーヒー好きにも満足してもらえるよう、10種類ほどストレートコーヒーを常備する。折から押し寄せたサードウェーブコーヒーの影響で、良質な生豆を入手できる環境が整いつつあった。より嗜好性を強めたコーヒー通のために、指定農園から取り寄せた豆を使った。自家製ケーキ400円、ミックスジュース500円、パフェ850円。軽食メニューも豊富で、スパゲッティ、オムライス、ハヤシライス、サンドイッチなど。コーヒーを邪魔するような気がして、カレーはメニューに加えなかった。「六曜社の息子の店」という話題性もあり、すぐに雑誌に取り上げられ、客

「どっちに転ぶかわからないけど、
ついてきてほしい」
薫平は前田珈琲で一緒に働いていた
荒井めぐみと真田尚子に声をかけた。
カフェっさ
店の場所は古川町商店街の中。祇園から
歩けなくはないが、昔ながらの商店街の
一角にあった。地元の人が集うような
場所にしたい。開店を告げるチラシを自作し、
近隣にポスティングした。

は順調に増えていった。平日は近隣客を中心に1日約60人、週末には約１００人が来店するようになった。

薫平には、前田珈琲時代から交際していた3歳年上の恋人がいた。アロママッサージ店に勤める藤田絢子(あやこ)は、会社員時代に比べれば不安定な生活になる薫平の状況を理解し、常に支えてくれていた。開店半年後、２人は同居を始めた。なんとか店を軌道に乗せられたと感じた時期というのもあるが、互いにひとり暮らしだったため、家賃負担を減らそうという絢子の心遣いもあった。社員時代は最終的に手取り25万円前後だったのが、経費やスタッフの給料を省くと、最初の頃の手取りは5万円前後。５分の1に減ってしまった。翌年12月に２人は結婚。妻の絢子はマッサージの仕事を辞め、六曜社でアルバイトしながら薫平の生活を支えた。心機一転、薫平は「理想の喫茶店」に向けて、心は弾んでいた。

半年後。六曜社はちょっとした事件に見舞われた。

２０１０年6月17日早朝、店の裏手にあるたばこ店「山新」付近で火災が発生。経営者は避難して無事で、六曜社も開店間もなくでお客さんはいなかったものの、消防による放水で、１階店と地下店が水浸しになった。たまたま自分の店が休みだった薫平が知らせの電話を受けて駆けつけると、家族やスタッフたちが店の前でぼう然としていた。この日は定休日明けの木曜日。火災を伝える当時の新聞記事で修は「地下にたまった水は消防のポンプでくみ出してもらったが、まだぬれている。この週末までに再開できれば」とコメントしている〔※28〕。

六曜社始まって以来初めての長い臨時休業となるのか。スタッフ総動員で店内の掃除にあたり、なんとか週末には再開することができた。この間、顧客からは励ましの声が多く寄せられ、復旧作業を手伝う常連客もいたと薫平は聞いた。

「やっぱり多くの人々に愛され、支えられているんだなあ」

あらためてそのことを実感した。

## 100年続く店

『喫茶店遍歴　伽藍の存在価値』と手書きで書かれた冊子がある。三月書房の宍戸恭一が、北山大橋近くにあった［伽藍］という喫茶店の10周年を祝い、2009年に制作したものだ。そこでは［六曜社］［はなふさ］［築地］［ロダン］［デコイ］などの名喫茶と宍戸との思い出が綴られている。2002年に偶然出合った伽藍の青年が淹れたブレンドは、宍戸の「求めていた味」で、今では名物マスターとなった修の姿を引き合いに出しつつ、青年を評している。

無類の喫茶好きだった宍戸は晩年まで、杖を片手にほぼ毎日喫茶店に通った。實亡き後も変わらず頻繁に六曜社に通っていたが、「孫」の独立を聞き、早速店へ来てくれた。それからは、月・水・金曜日は喫茶feカフェっさ、それ以外は六曜社と新店開拓。宍戸の日課である喫茶店めぐりのコースはこのように変わった。宍戸は、店に来るたび薫平に、實との思い出話を語った。

「昔、マスターとよく連れだって飲み歩いたもんや。仕事が終わると、当たり前のように六曜社近くの店で落ち合って。わたしは日本酒だったが、マスターはなんでもいけるクチで」

知られざる祖父の様子を、薫平は新鮮な気持ちで聞いた。宍戸には、いつか六曜社を継ごうと思っていることも明かした。宍戸は心から応援してくれた。

ある日、宍戸からこんな手紙をもらった。

「feカフェっさ賛歌

けものみち　さまよいくれば

カフェっさの花二輪　めぐみとなおこ
存在感あふるる薫平＝絢子は
ゆとろぎの大輪の花　めざせ　ろくよーしゃ一〇〇年
二〇一一年三月　宍戸恭一」

１００年という目標は、薫平と宍戸の間で合い言葉のようになっていたが、大先輩が手紙で「一〇〇年」と文字にしてくれたことで、薫平の目指す方向はますます堅固になった。いつしか、優しく見守ってくれる宍戸に、再び祖父の姿を重ね合わせていた。

## 自営業の厳しさ

喫茶ｆｅカフェっさはまずまずの滑り出しをみせたが、少ない人数での営業は容易ではなかった。

店の営業時間は朝8時から20時まで。スタッフの3人はほぼ休みなく店で動き続けた。開店1年後あたりから、サンプルロースターでは焙煎が追いつかなくなり、修が使っていない時間のみという条件で、父の焙煎小屋を使用させてもらうことになった。

開店して2年が経とうとしていた2011年の冬、ケーキ担当の荒井が独立の意向を口にした。実家の広島で自身の店を開きたいという。とりいそぎ、妻の絢子が店のケーキ担当を引き継ぐことになった。絢子は元々お菓子作りが好きで、義母の美穂子が入院した折には地下店のドーナツ作りを担ったことがあった。引き継ぎ作業、スタッフ管理の仕切り直し、焙煎、調理、接客……。薫平はいつも以上にハードワークが続く。

しかし翌年には、接客を担当していた真田も独立に向けて退職の意向を告げた。開店前から、いつかは独立したい旨はわかっていたものの、薫平はあらためて経営の難しさを思い知った。新たに誰かを雇うにしても、荒井や真田のように技量が高く、気心も知れた人材はなかなかすぐには見つからない。

「経営は自分の肌には合わないのかも」

いずれこの店は誰かに経営を任せて、自分は六曜社に戻るというプランを思い描いていたが、両立の自信を失った。当座、絢子と2人で営業を続ける日々。店のこれからを考えながら、なにからなにまでこなす。心身ともにすり減っていく。

そんな年の瀬に、ついに事件が起きた。当時、薫平は修が焙煎を終えた22時あたりから毎夜2時間ほど焙煎をしていた。ある日、無理がたたったのか、焙煎中に居眠りをしてしまう。ふと目覚めると、釜から煙突につながるダクトが火を吹いていた。すぐに修を呼び、2人で水をかけて消火した。豆は黒焦げだった。

「大事にならんでよかった」

小屋のある敷地には八重子と長男隆が住んでいる。周辺は住宅街で、一歩間違えば類焼の可能性もあった。釜の熱が冷めていくのを見届けてから、「あとは頼んだ」と修は帰宅。薫平は朝方まで後片付けを続けてから、そのまま開店準備のため自分の店に行った。

「やれやれ」

徹夜の疲れをひきずりつつも、なんとか気持ちを切り替えようとした矢先だった。

「小屋が大変みたいや」

八重子からの電話だった。

焙煎小屋に駆けつけると、消防車が消火にあたっているところだった。

「なんで？　ちゃんと消したはずなのに」

小屋から煙が上がっているのに気づいた近隣住民が通報してくれたらしい。実家で

「小屋が大変みたいや」
八重子からの電話だった。

八重子と同居している隆が異常を察知し、消防車が来る前に素手で小屋のガラスを割って、水をかけてくれていた。隆は手から血を流していた。

「大丈夫ですか」

薫平が慌てて声をかける。

「へへへへ」

隆は照れ笑いするのみ。普段は實譲りのぶっきらぼうだが、心根が優しい隆ならではの気遣いが、せめてもの救いになる。

煙の出どころはコーヒー豆だった。薫平は昨晩、焙煎機から取り出した黒焦げの豆に水をかけた後、袋詰めにして小屋の隅においたが、完全に消火しきれておらず、時間が経って発火したという。今度も近隣への類焼は免れたが、小屋の中にあった豆や配線、書類などは、ほぼ燃えてしまった。修が大事にしていたマーチンのギターも一部燃えた。

「まあ、こんなこともあるがな。とにかく今日は店を休め。これで1日ゆっくりできると思って気分を変え」

落ち込む薫平に、八重子は優しい言葉をかけた。喫茶営業のしんどさは修も承知で、大切な仕事道具や愛器を損傷された落胆を隠しつつ、「仕方ない、気にするな」と励ましてくれた。

## 修の入院

自分の店でのハードワークにボヤ騒ぎ。厳しい試練にぶち当たった矢先、修に心臓の病気が見つかり、急遽入院することとなる。地下店の喫茶は約1カ月間、休まざるを得なくなった。新たな日々をかろうじてつなぐ六曜社の均衡に、またヒビが入った。

1階店を担う八重子。地下店を担う修夫婦と、伯父の隆。それぞれ確実に年を重ねている。かねてから父は、六曜社の不安定さを嘆いていた。

「賃貸店舗だから、大家さんとの契約ごとにどうなるか。新しくビルにすることになったら、どかなあかんかもしれん」

實とハジメに続き、修の「欠席」を、薫平は黙って素通りすることはできなかった。前田珈琲で修業を重ね、順調とは言えないとはいえ、喫茶店経営を肌身で知った今こそ、家業に入る時期ではないのか。

喫茶fｅカフェっさを始めるとき、八重子からこんなふうに言われたことがある。

「あんたは前田珈琲でうまくいき過ぎてるし、1回失敗してみたらええわ」

歯に衣着せぬ八重子らしい励ましの言葉だった。昭和とともに歩んできた「ママ」こと八重子は、ときに若いウェイトレスに向けて、店内中に聞こえるような大きな声で指導をした。

「そんなんじゃ、あんた、お嫁にも行けへんで！」

なんでも思ったことをはっきり口に出す性格で、それでも、さっぱりしていて怒りも尾を引かないタイプ。面倒見がよく、スタッフに対して親同然にふるまい、歴代スタッフを招く毎年1回の新年会をなによりの楽しみにしている。實亡き後、家族のなかで創業時を知る唯一の存在となった八重子に、薫平は思いを伝えた。

「自分の店を閉めて、六曜社に戻っていいですか」

創業者である實はもちろん、六曜社の喫茶を担う家族は、それなりの修業時代を経て合流していた。喫茶の道に入った薫平を後継者としてみていた八重子は、それなりに苦い体験をくぐり抜けた末の薫平を頼もしく思い、受け入れた。隆も、薫平の参加を歓迎した。

病で弱気になったのか、修も今回は反対しなかった。薫平が3代目として家業に迎え入れられることが決まった瞬間だった。

2013年6月、薫平は喫茶feカフェっさを閉めた。3年半の営業だった。最後の半年間はほぼ休みなしで働いたので、閉店作業の後に少し休暇をとった。

「よし、心機一転。やるぞ」

8月に入り、薫平は祖母が立つ店、六曜社1階店で働き始めた。

## 六曜社に染まらなければ

その頃の1階店では、「ママ」こと八重子以外にコーヒーを淹れるのを許されているのは、きっちり店のルールを仕込まれた勤続20年のはっちゃんと、「あゆちゃん」こと伊藤歩里（あゆり）、「みほちゃん」こと前田美穂子の3名のみ。高齢の八重子が店に入るのは週1回のみだったので、實が他界した後はこの3名を中心とした従業員12名で、なんとか店を守ってきた。そこに薫平が加わった。

「まずは六曜社に染まらないと。今までのやり方はいちど忘れて、六曜社のやり方に従おう。自分の店では自分の理想とする喫茶を追求した。でも六曜社は、僕がなにかを変える場所ではない」

コーヒーの味からサービス、店内の雰囲気まで、長い時間を経て培われた流儀が六曜社にはある。それを崩せば、支えてくれているお客さんを裏切ることになりかねない。

創業者の孫、しかも喫茶店経営の経験者という立場ではあったが、店の掃除や皿洗いから始めるつもりだった。しかし八重子は、早い段階で薫平にコーヒーを淹れる仕事を任せた。

「あんたの好きなようにしたらいいで。(店員の)筆頭として引っ張っていったら」

それでも、わからないことは多い。ベテランスタッフから六曜社のルールを教わりながら、週6日、早朝の開店準備から19時までの12時間、店に入った。少しでも早く六曜社の仕事を覚えたい。不機嫌そうな祖父がいつもいたカウンターの奥に自分が立っていることが、新鮮に思える。

その年の暮れ、修から衝撃的な事実を告げられる。

「店のお金、なくなったんやって」

「えっ、どういうこと?」

店の営業赤字を實の不動産貯金で長年穴埋めしてきたが、それが尽きたという。いつものように、どこか飄々とした修の様子に拍子抜けしながらも、その意味するところの深刻さがじわじわと身に迫ってくる。

初めて八重子に店の経営状況について問うと、かなりのどんぶり勘定であることがわかった。六曜社は、修の言うようにずっと赤字だったという。安価喫茶チェーンの台頭や常連客の高齢化で、1階店の客入りは思わしくなかった。實は生前、家族ひとりひとりに小切手でそれぞれ900万円を残し、ほかに金の延べ棒もなん本か託したが、それらはすべて赤字の穴埋めに使われてしまっていた。

實の死後、1階店ではモーニングセットを始め、若い客が戻りつつあった。観光客の増加もあり、最近では月の売り上げが、なんとか経営が成り立つ300万円を超えるまでに回復した。……はずだったが、年2回の消費税の支払いが響き、ついに蓄えが底を突いたという。経営全般をすべて担っていた實が不在となってからは、会計処理を会計士に一任。結果、誰も経営の全体像を把握していなかった。

「僕がなんとかしないと」

前田珈琲で店長を務めた経験を踏まえ、薫平は2014年の年明け早々から経営改革にのりだす。八重子から経理を引き継ぎ、伝票すらなかった会計をいちから見直した。

接客サービスも変更せざるを得なかった。それまでは祖父の教えを守り、コーヒーを淹れる人がゆとりを持って店内の状況を見渡せるように、洗い場ひとり、フロア接客にひとりという常時3人体制が基本だった。

しかしその頃、主力スタッフが次々と抜ける事態に。コーヒーを淹れることができたみほちゃんが妊娠のため退職し、はっちゃんは入院で1カ月間休むことに。ベテラン2人の穴は大きい。代わりのスタッフを雇うにしても、原則フリーターは雇わないというのが八重子のこだわりで、条件が合う人物はすぐには見つからない。はっちゃんはこう証言する。

「当時はなぜか募集をかけても大学生からの応募が全然こなかった。時代の流れなのか、それまでとは反応が違いましたね。シフトの改正や経費の見直しなど、ハジメさんが店を離れた時からママ（八重子）も少しずつ取り組んではいたのですが、諸々重なり、タイミングも悪かったんでしょう」

必然的に薫平が店に入る時間が増え、休日を返上しないと店が回らない状況が続いた。

「この際、贅沢は言ってられない」

客の入りが比較的落ち着く平日の昼から16時までは2人体制にして、コーヒーを淹れる人が洗い場を兼ねて人件費を削った。1階店は年中無休だったが、経費削減も狙って地下店と同じ水曜を定休日とした。


スタッフには意識改革も促した。彼女たちは、八重子の教えを忠実に実践することが求められていた。テーブルの水が減ったらすぐ入れる、ミルクは手早く引き上げる、定時にタオルの洗濯。それらが創業以来の六曜社の流儀であることは薫平にもじゅうぶん理解できたが、現場で実際に見ていると、ルールに固執するあまり、逆にサービスが手薄になっている面があるように見えた。

「今、なにが必要か。そのときそのときで、周りの状況を見て自発的に考えて動いたほうがいいんちゃうかな。やらされるんじゃなくて、自分ならお客さんにどうしてあげたいかという感覚を持って」

薫平は仕事の合間に、言葉を選びながらスタッフに語りかけた。ベテランのひとり、あゆちゃんは、そのときの様子をこうふり返る。

「六曜社ルールの基本は、お客さん目線でのサービスを心がけること。みな、ルールに縛られたり、やらされているという感覚ではありませんでした。ただ、ほかの喫茶店で働いた経験がある薫平君が、ルールに疑問を覚える気持ちもある程度は理解できます」

地道な工夫と対話を重ねることしか、術はなかった。

## 朗報続く

その年の7月、薫平に第1子となる長男、奏（かなで）が誕生した。およそ50年ぶりに祇園祭の山鉾巡行が前祭と後祭に分かれた年の、後祭に当たる24日。京都の街に「コンチキチン」と鐘の音が響くなか、薫平は父親になった。

さらに秋には新たな朗報が舞い込んだ。開業から60年以上借り続けていた店の、土地と建物の購入の打診だった。

「やっと自分たちのものになる」

八重子は喜んだ。賃貸という契約は長年の不安材料で、これまでに何度も大家に購入を相談していたが断られていた。この機会を逃し、別の人の手に渡れば、立ち退きを迫られる可能性だってある。

「ここはもういっかい、よく考えましょ」

薫平は、舞い上がる八重子を諌(いさ)めた。

「最終的には、あんたが決めることや」

八重子は薫平に決断を委ねてくれた。

薫平は悩んだ。この先、隆も修もいつか引退する日がやって来る。最後まで借金を返し続けるのは自分なのだ。果たしてそれができるのか。想像するだけで怖かった。守るべき家族もいる。しかし、自分もそれなりの覚悟を持って家業に飛び込んだ。家族の誰もしたことがない同業他社での勤務や独立の経験もある。祖父から続く六曜社ブランドを受け継ぎ「100年続く喫茶店」にするという目標も。

「これからもこの場所で店を続けるなら、購入以外の選択はない」

それまでの家賃は1階店と地下店をあわせて約65万円。提示された金額は2億円近いが、25年ローンにすれば、物件を所有することで得られる2階のテナント収入と差し引きすると、毎月の支払いは家賃で払っていた額とさほど変わらない。店の経営だって、少しずつではあるが軌道に乗り始めている。

とはいえ、大きな賭けであることは間違いない。こうしたタイミングに閉店や移転を決断する例も多く、ちょうどその頃、河原町通では看板店が相次いで閉店していた。

近所にあった明治6年開業の文具店［壺中堂］は2014年3月末、約140年の歴史に幕を閉じた。前身は、坂本龍馬の盟友後藤象二郎が下宿したとされる江戸期創業のしょうゆ問屋［壺屋］という由緒ある老舗だった。そのまた近くで戦前の1937年から営業していた中華料理店［ハマムラ 河原町店］も、家賃の負担から同年4月に閉店。数カ月後、別の場所に移転し、オープンさせたのは、店の3代目だった。

「この流れを食い止める意味でも、ここは進むしかない。購入しましょう」

考えに考えたあげく、八重子に伝えた。修も隆も「薫平がそう決めたなら」と受け入れた。土地と物件は社長である隆名義で購入し、薫平が保証人に名を連ねた。心配された銀行の融資も、経営が上向きであることや跡継ぎがいることが審査でプラスに働いたようで、頭金なしの全額支給がすんなり認められた。

2014年冬、ついに六曜社の店舗が奥野家のものになることが決まった。これで、「100年続く店」を目指す足場は整った。近年の河原町界隈では、異例の選択だった。

翌年の新年会。六曜社スタッフが一堂に集まる席での挨拶で、八重子は誇らしげにこう述べた。

「ついに六曜社の店舗を購入できました。店を続けるには大変なことも多いと思いますが、どうか薫平を支えてやって下さい」

奥野家一丸となっての、新たな船出だった。春からは、喫茶ｆｅカフェっさ閉店以降、主婦業に専念していた薫平の妻絢子が、八重子と税理士による月1回の経理の打ち合わせに参加するようになった。まさに一家総出で、目指す100年に向けて、店は歩み続けることとなった。

この頃、京都の喫茶店を紹介する本で、先述のライター川口葉子と、薫平、修による鼎談〔※29〕が行われた。店の目標「100年」を標榜する薫平に対し、修からはちょっぴり厳しい指摘が投げかけられる。

修「僕からひとつ言えるのは、理想が高すぎて毎日の作業がついていってないんじゃないのということ。六曜社を百年続けるって最初に言っちゃってるでしょ。百年続けた後で、よくやったなと言われたら『毎日ちゃんとやってきたからです』と言えば格好いいんだけど、最初に百年続けると言って、そこに行きつくまでの仕事が雑と言われちゃったら格好悪いじゃない（笑）」

薫平「格好なんて、僕にはどうでも」

修「僕の格好いいというのは、本当にちゃんと生きてるかということ。オーナーでも毎日皿洗いして、珈琲を点てて掃除してというのを丁寧にやってないと、目線が変わってしまう。（中略）僕がチューンナップしてる焙煎機を使ってるから、あまり失敗を経験してない。それは弱点やなと思います」

親子だからこその本音がぶつかった瞬間だった。しかしその翌年、ある重大な事実を薫平は知った。三月書房の宍戸が、このようなことを話していたと人づてに聞いたのだ。

「そういやマスター（實）も、酔うと必ず六曜社を１００年続く店にしたいと漏らしてたなあ」

「え？　そうやったんや！」

晩年の實は、厳しい経営状況もあってか、息子たちに「お前らで最後にせえ」と廃業を促すようなことばかり漏らしていた。しかし「１００年続く喫茶店」という目標は、薫平だけでなく、創業者である祖父の夢でもあったのだ。

「子どもたちに変なプレッシャーを与えたくなかったんだろうか」

家族には直接明かさなかった實の秘めた思いに触れ、薫平のなかで「１００年続く喫茶店」のイメージがより現実味を帯びてきた。土地と建物を手に入れた決断を、祖父があの世から後押ししてくれているようだ。

ある日、ふらりと1階店に訪れた宍戸と、1歳になった薫平の長男・奏が初対面した。

「4代目の誕生で、六曜社も安泰やな」

宍戸はわがことのように喜んでくれた。

薫平自身は、奏に家業を継ぐよう強要するつもりは毛頭ない。それでも、この先奏が自分と同じく店に愛着を持ち、いつか「継ぎたい」と言ってくれたら、どんなに嬉しいことだろう。

## 家族会議招集

薫平の仕事量は確実に増していた。年明けからは、薫平は本格的に毎月の売り上げなどお金の流れの把握を試みた。いっぽうで、相次いで抜けた主力の穴埋めのため、ほぼ休みなく店に入らなくてはならない。さらに、喫茶ｆｅカフェっさ時代からの顧客向けに豆の焙煎を続けていた。焙煎技術を衰えさせない狙いもあるが、六曜社だけの収入では家族3人の生活が厳しい事情もあった。修が焙煎を終えた後に深夜、焙煎小屋で作業にあたった。追い打ちをかけるように、はっちゃんが産休に入り、あゆちゃんも家庭の事情で勤務時間を減らさざるを得なくなった。薫平が店に入る時間がさらに増えた。

「新人みたいなもんやから、ここは我慢せな」

そう自分に言い聞かせながらも、生まれたばかりでまだ手がかかる長男と、その世話に追われる妻絢子との時間がなかなか取れず、心身ともに疲れ果てていく。

季節は夏から秋に差し掛かろうとしていた。ある時、薫平が店に立っていると、八重子から電話があり、経理上のささいなミスを指摘された。売り上げ集計や給与計算などの経理は薫平が引き継いでいたが、家族への給与額の決定といった重要事項は八重子が依然担っていた。

「何も営業中に言ってこなくても」

張り詰めていた糸が、ついに切れた。

「ちょっと家族で話をさせて下さい」

深夜。閉店後の1階に八重子と隆、修を呼んだ。

「家族の店なのに、なんでもっとカバーし合おうとしないの？」

日頃たまっていた家族への不満が一気に噴出した。

「抜けたスタッフの穴埋めや子育てで、僕が大変なことはみんなわかっているはずでしょ。どうしてフォローしてくれないの？」

こうして家族一同が集まって店のことについて話し合う機会は初めてだった。噴き出したマグマは止められない。これまでの経営のありかたにも積もり積もった思いをぶちまける。

「今までなにをしてきたの？」

目の前にいるのは職場の先輩であり、祖母、伯父、父でもあることは重々わかってはいたが、思わず追及するようなきつい口調になる。

修は、自分が任されている地下店の仕事は全うしているという趣旨のことを口にした。そのことは薫平も承知していた。実際、バーを除く地下店単独としてはずっと黒字で営業は成立している。六曜社に自家焙煎を取り入れ、ミュージシャンとしての顔も持ち、独自のセンスで六曜社ファンを獲得してきた父を尊敬もしている。「かなわない」とさえ思う。しかし、同僚として見たとき、なにごとにもマイペースで自分の型を頑として崩そうとしない父の態度が許せなかった。

「何も営業中に言ってこなくても」
張り詰めていた糸が
ついに切れた。
ちょっとかぞくで
はなしをさせてください
深夜。閉店後の一階に
八重子と隆、修を呼んだ。
「家族の店なのに、なんでもっと
カバーし合おうとしないの？」
日頃たまっていた家族への
不満が一気に噴出した。

「それぞれがよければいいじゃなくて、1階と地下店、バーを合わせて全部で六曜社なんやから。みんなで六曜社を少しでも長続きするようにもっていこうとするのが本来なんちゃう？」

家族だからこそ、もっと本音をぶつけ合ったほうがいい。それこそ家族経営の利点でもあるはずだ。そんな思いで、薫平は怒りをぶつけたつもりだった。しかし、話し合いはいまいちかみ合わず、前に進まない。

「六曜社を続けていくつもりで入ったんなら、ごちゃごちゃ言わず、やり通せ」

隆はそんな意見を口にした。確かにそれも正論には違いないが、薫平はそんな答えを求めてはいなかった。現状の解決につながる糸口が引き出せないまま、話し合いは終わった。

「店と個人としての焙煎、子育て。なんとか自分だけで両立させるしかない」

その冬、3度目のボヤ騒ぎが起きた。

実は最初のボヤ騒ぎから2年後に、薫平は2度目のボヤを起こしている。焦げた臭いに気づいた近隣住民が通報し、消防車が駆けつける事態となったが、焦げた豆の煙が煙突を通して周辺に拡がった程度だった。原因はやはり薫平の居眠りだったが、多忙ななかでの失敗に、周囲は薫平を咎めなかった。

しかし今回もまた、薫平は焙煎機の前で眠ってしまった。同様の小さなボヤで済んだが、周辺住民も不安になった。3度も繰り返された失敗。しかも、先日の「家族会議」からそんなに日が経っていなかった。八重子は怒りをあらわにした。

「コーヒーに携わる人間のすることちゃう。あんたじゃあかんわ。これ以上、近隣に迷惑はかけられへんで」

父の修もあきれ果てている。

「怠けて寝てるわけじゃないやろうけど、眠ってしまうほど疲れるまで個人の仕事をする意味はなに？　結局焙煎は、店の仕事ではないだろう。これ以上、失敗は許されないよ」

以後、薫平が焙煎機を使う際には、事前に修に連絡し、修が立ち会う決まりとなった。実質の使用制限だ。

薫平はたび重なる失敗を詫びつつも、これを機に薫平のおかれた過酷な状況への理解が進み、家族同士が密に話し合う転機になるのではという淡い期待を抱いていたが、現実は厳しかった。

## 薫平の苦境

2016年の新年会。八重子は冒頭挨拶で思いがけないことを口にした。

「もう薫平に店は任せられない。わたしが生きている間は、わたしが先頭に立ちます」

昨年の新年会では、3代目への応援を呼びかけていた八重子の「復活宣言」だった。想像以上に厳しい言葉を、しかも従業員全員の前で突然宣告されたことに、薫平は納得がいかない。

「あれ、どう思う？　あまりにひどくない？」

後日、修に不満を漏らすと、修の反応も冷たい。

「でも、結局スタッフはお前についてきてへんやん。ちょっと天狗になってんのと違う」

「天狗」――。その言葉が重く響いた。そんなつもりは毛頭なかった。ただ、前田珈琲で経験した体制とのあまりのギャップに驚き、よかれと思ってやってきたことばかり。それが、家族にすら理解されていなかったことが辛い。

衝撃の新年会からしばらくして、八重子に改めてたしなめられた。

「時間のかかることや。なんせ、薫平より長く働いているスタッフがいて、わたしもいて、なにより六曜社の長い歴史のなかで、あんたはたかだか数年しかいないんやから。そんな簡単になんとかできるわけないやん。そもそも、バイトの子の教育がきちんとできてへんのと違う？」

薫平が六曜社に入ってから、従来の六曜社ルールにこだわらず柔軟にサービス対応するようスタッフに促していたことが、どうやら現場では混乱を招いていたようだ。八重子の復活宣言を端緒に、戸惑っていたスタッフたちが八重子に相談したらしい。六曜社のためを思ってしたことが、またもや裏目に出ていた。

八重子は復活宣言後、それまで週1回だった勤務を2回に増やしたものの、毎日の売り上げ管理は薫平に任せるようになった。薫平は、タイトな勤務状況を改善するため、コーヒーを淹れることができるスタッフの育成を八重子に提案したが受け入れてもらえず、長時間勤務をさらに余儀なくされることになる。薫平式のサービスに理解を示すスタッフもいたが、言いようのない孤独感のなか、店に立つ日々が続く。

2016年4月。今後の消費増税も予想されるなか、豆の仕入れ値などの原価も上

河原町
1F 喫茶店
六曜社
BF COFFEE & BAR
六曜社地下店
Coffee
ろくようしゃ
もう薫平に店は任せられない。
私が生きている間は、
私が先頭に立ちます。

がるいっぽう。

「なんとか手を打たなくちゃ」

薫平は、焙煎業者からの仕入れに頼っていた1階店の豆を、修の焙煎した豆とブレンドすることで仕入れ値を抑える手を打った。焙煎量的にそれほど大きな負担はないと、修も協力してくれた。あわせて、コーヒー1杯480円を500円に改定し、そのほかの飲み物も20〜30円値上げ。ドーナツも140円から150円に、モーニングセットは530円を560円への値上げに踏み切った。自家焙煎の比率を高めたことで利益率が増し、味も向上して売り上げは順調に伸びた。値上げの影響もそれほどなさそうだ。

しかし、薫平の心は晴れない。この頃、薫平は午前11時から閉店23時まで店に立っていた。仕事に追われ、夜型の勤務で家族との時間もとれない。絢子は、薫平が毎日自宅で行う売り上げ管理作業の一部を手伝ってくれた。奏が2歳になって保育所に入ることが決まると、定食店で給仕のアルバイトをして家計を助けてくれた。

しかし、店では誰も助け船を出してはくれない。次第にやりがいが感じられなくなっていく。理解されない相手が家族でもあるだけに、心のダメージは大きい。

「なんのために、こんなに毎日店で働いているんだろう」

六曜社に入って3年目の夏。もやもやした思いは破裂寸前にまで膨らみ、定休日の水曜、居てもたってもいられなくなり、修に電話をかけた。

「そんなに文句ばかり言うなら、辞めろ」

修は、つらいひと言を浴びせた。

「僕は六曜社に必要ない人間なんだ」

半ば自暴自棄になり、続いて八重子に電話した。

「店を辞めようと考えています」

「そう。あんたに続けられると逆に不安やし、辞めたほうがいいんとちゃうか」

予想していたとはいえ、キツい返答にしばらく黙っていると、受話器から聞き慣れた男の声が聞こえた。隆だった。電話口で熱くなる八重子を見かねて、電話を交代してくれたようだ。普段は言葉少ない隆が、言葉を選びつつ、薫平を諭すように語りかける。

「薫平が店に来てくれて、店の経営がよくなってきたのは事実や。……また、店に来てコーヒーを淹れて下さい」

社長であり、伯父である隆の言葉に、硬直した心が驚くほどほぐれていく。家業に入ってからようやく、薫平が求め続けていた言葉に出合えた気がした。薫平がずっと欲していたのは、家族からの温かい言葉だった。若気の至りは自覚しつつも、「頑張ってるな」のひと言が聞きたかった。以来、薫平は仕事についてなにかあると隆に相談するようになった。八重子や修は、目前の仕事に一途な職人肌。絶対的な存在として六曜社のすべてを差配した實が長年君臨したことで、店の経営を大局的に見る必要がなかった。その点、社長を受け継いだ隆は、普段は口数も少なくぼんやりしているようにも見えるが、返してくれる短い言葉の端々には、ときに周囲の理解を得られなくても自分の意志を信じて進まなければならないという経営者としての覚悟がうかがえた。

「経営の立場に立っていない人には、このつらさはわからないのかもしれない」

経営者の孤独というものがあることを知り、隆に心を寄せ、亡きマスターを想った。ときどき隆は、バーの開店時間になっても姿を見せず、心配した薫平が電話で「今どこにいるんですか？」と尋ねると、酔った様子で「府内某所や」と答えるなど、正直「大丈夫かな」と思うこともあるが、憎めないちゃめっ気の持ち主。仕事は淡々とこなすだけに見えて、数年ぶりに訪れたボトルキープのお客さんでもちゃんと顔を覚えていて、言葉を交わす一面も持っている。

現状への不満は、美穂子にも伝えた。母はじっくり耳を傾け、優しい言葉をかけてくれた。

「いつか薫平が六曜社を継いでくれたら、と昔から思っていたのよ」

六曜社のような古い喫茶店を愛する美穂子は、昔から、心のどこかで薫平に期待していたと明かした。それまでは表だって薫平には伝えていなかったが、薫平が店を継ごうとしていることを誰よりも喜んでいたのだと。美穂子にとって、六曜社の経営を立て直しつつある薫平の姿は頼もしく、母として誇らしくもあった。

「理解者は、ちゃんといてくれる」

味方の存在に安らぎ、薫平はようやく冷静さを取り戻す余裕が持てた。

「ママ（八重子）や父が言うことも一理ある。仮に正しいことを言ったとしても、スタッフから理解を得られなければ意味がない」

薫平は、六曜社以外の仕事を控える決心をした。自らの生活や働きかたを見直し、その姿勢を示しつつ、スタッフには言葉を尽くして信頼を得られるよう努力した。一時は辞めようとも思った六曜社の仕事にじっくり向き合うことで、3代目としての覚悟のようなものが再び芽生えてくる。スタッフとの微妙な溝も徐々に埋まりつつあった。

「もういちど、ここで踏ん張っていこう」

## 八重子、倒れる

薫平の辞職騒動から半年ほどが経った2017年3月。91歳の八重子に異変が起きた。

行きつけの「ウェスティン都ホテル京都」内の美容室。カットの最中から会話がいつもと違ってぎこちないと感じた担当の美容師が、会計の際に右手がおぼつかない八重子の様子を見て、救急車を呼んだ。病院で脳梗塞と診断された。

その日、六曜社は定休日。病院から店に電話が入った。

「奥野八重子さんの親族の方ですか?」

たまたま用事で薫平が1階店に来ていて、電話を受けることができた。薬の投与のために親族の許可がいるという。薫平は孫であることを告げ、了承を伝える。修は自身のライブで京都におらず、隆と2人で病院に駆けつけると、ベッドに横たわる八重子は、意識ははっきりしているものの、右半身が不随で言葉を発することができない。

「回復はリハビリ次第です」

医師にはそう告げられた。

リハビリ施設を併設した病院で半年ほど入院治療をし、回復を目指したが、発話できる状態までには至らず、八重子は高齢者施設に移った。

「店への復帰はもう無理だろう」

奥野家はそう受け止めた。

新年会での復活宣言から1年余り。90歳を超えても八重子は週に1、2日は店に立ち、かくしゃくと現役ママぶりを発揮していた。薫平に電話で厳しい言葉を放った後も、後腐れなく、それまでと変わらない態度で薫平に接してくれていた。

「まさか、こんな形で引退になるとは……」

薫平にとって八重子は、やや煙たい存在とはいえ、直言をぶつけてくれる貴重な存在だった。つい反発もしたが、新年会での復活宣言や電話での厳しいやりとりを経て、自分を見つめ直すきっかけをもらった。おかげで、スタッフとの関係もより密になった。

「時間のかかることや」

八重子が語った言葉の意味が、次第に重みを増していく。経営者として引っ張るつもりなら、周りの人間を納得させなければならない。どこまで意識的だったかは別にして、そのことを伝えるために、あえて壁として立ち塞がったのかもしれない。悲しい事態は、新たな視点をもたらしてもくれた。

貴重な相談相手であった隆にも異変があった。70歳を超えた隆はある日の深夜、路上で血を流しているのを通りがかりの人に発見され、病院に運ばれた。診断は、外傷性くも膜下出血。隆本人の記憶があいまいで原因はわからないが、帰宅途中に何らかの理由で転倒したようだ。隆は、いつも店が終わると木屋町の飲み屋で一杯引っかけて帰るのが日課だった。

しばらく入院した後、隆は店に復帰したが、その件以来片足を引きずっており、バーで立ちっぱなしの仕事はしんどそうに映る。

薫平は、奥野家に忍び寄る老いの影を実感せずにはいられない。

「考えたくないけど、両親が引退した後のことも見据えないと」

2018年4月、薫平は六曜社を法人化した。隆に代わって薫平が社長に就任し、これまで隆名義だった土地と建物を「株式会社六曜社」として改めて購入。会社として所有しておけば、もし薫平や家族に何かあったときでも、店として存続させることができる。早速、八重子が入る高齢者施設を見舞い、法人化について報告した。話すのは難しいが、こちらの話は理解できるようで、薫平のチャレンジに同意を見せてくれた。

法人化した上で、長年アルバイトとして貢献してくれたはっちゃんと、「新ちゃん」こと新里幸子、「晴ちゃん」こと河野晴香の3人を六曜社としては事実上初の家族外正社員として登用した。はっちゃんは出産などで一時抜けたことはあるものの、六曜社が好きで1997年から働き続けている最古参の店員だ。

「わたしのような古株で、なんでも言うベテランは薫平君からすれば、うっとうしい面もあるかなと悩み、ほかの仕事を考えたこともありました。必要としてくれていると知り、とても嬉しかったです」

時代の変化に合わせて、サービスだけでなく、勤務状況も改善する必要があることは、休日すらとるのが困難だった自分の経験から身に沁みていた。人材に確かな報酬と福利厚生を提供することで、家族経営の不安定さを補うこともできる。

「六曜社を愛してくれている従業員は家族も同然。ひとつの会社は、働く人たちの共感を得てこそみんなの会社になるし、それがひとりひとりのやりがいになって、長続きにつながるんじゃないか」

スタッフの環境の向上は、3代目として家業に入り、もがきながら得たひとつの答えだった。

「コーヒー激戦区のなかで生き残るため、店も人も、よりよい変化を続けないと」

夏にはコーヒーフロートをメニューに加えるなど、スタッフと話し合いながら新メニューを考案したり、みなで新たな試みを少しずつ進めた。修から焙煎小屋を再び使用させてもらえるようになり、2019年の春、薫平は従来の味を守りつつ、1階店オリジナルブレンドを完成させた。今後、店のコーヒーはこれでいく。六曜社は、両店とも完全に自家焙煎コーヒーの店になった。

禁煙化にも取り組んだ。これまでは2店とも喫煙可だったが、1階店は開店時間の午前8時半から正午まで、地下店は終日禁煙に。六曜社のテーブルやカウンターには、創業以来、特製陶器の灰皿にオリジナルマッチがあるのが名物のひとつだっただけに、

薫平は最後まで迷ったが、店員の健康状態や時代の流れを考慮した上で踏み切った。

２０２０年。六曜社は歩みを始めてから70年の節目を迎えた。

「ここまできたのは奇跡的。本当に綱渡りだった」

六曜社のこれまでを、修がそうふり返る。

八重子、隆、修、美穂子、そして薫平。一見、それぞれが別の方向を向いているかのように見える個性豊かな奥野一家の面々は、家族がゆえに密な意思疎通をおろそかにしてしまい、ときにきつく当たり、ときに衝突した。しかし、長い先に向かって着実に歩む薫平の成長を、不安定な足場をなんとかならそうとする薫平の努力を、みな、ちゃんと見ていた。


六曜社という場所を愛するお客さんやスタッフを巻き込みながら、店を守ることでつながり、その絆でまた店を前に進める奥野一家。おいしいコーヒーだけではなく、どこか血の通った「ここだけの空間」を求めて、人々は足を運ぶ。薫平は、店に立つことでより一層そう感じるようになった。

「マスターやママが築いた六曜社は、僕たちだけのものじゃない。その空間を預かる責任が僕にはある。喫茶店のマスターとして店に寄り添い、小さな幸せを届けていけるよう、自分を磨いていきたい」

「１００年続く喫茶店」という目標は、いつしか薫平にとって終着点ではなく、通過点となっていた。

※26 川口葉子『カフェの扉を開ける１００の理由』情報センター出版局 ２００６年
※27 川口葉子『京都カフェ散歩―喫茶都市をめぐる』祥伝社 ２００９年
※28 朝日新聞 記事 ２０１０年6月18日
※29 川口葉子『京都・大阪・神戸の喫茶店―珈琲三都物語』実業之日本社 ２０１５年

## 参考文献


・井上卓弥『満洲難民』幻冬舎
・林哲夫『喫茶店の時代』編集工房ノア
・佐藤裕一『フランソア喫茶室』北斗書房
・猪田彰郎『イノダアキオさんのコーヒーがおいしい理由』アノニマ・スタジオ
・『珈琲物語　京都　小川珈琲』小川珈琲　２００４年10月号「小川珈琲創世記」
・『ｊａｚｚ』１９７５年８月号　特集　なぜ京都か？
・『月刊京都』白川書院　２０１２年12月号「特集　魅惑のコーヒー」
・田中慶一監修『ＫＹＯＴＯ ＣＯＦＦＥＥ ＳＴＡＮＤＡＲＤＳ』淡交社
・高井尚之『カフェと日本人』講談社現代新書
・『竹中労――没後20年・反骨のルポライター』河出書房新社
・『ＢＲＵＴＵＳ』１９９５年９月15日号「カフェの街、京都を行く。京のコーヒーだおれ」
・ＤＶＤ『タカダワタル的』２００５年　映画未収録ドキュメンタリー映像
・奥野美穂子・甲斐みのり『甘い架け橋』淡交社
・『喫茶ロック』ソニーマガジンズ
・GEORGIAブランドサイト「おいしいコーヒーの楽しみ方　GOOD COFFEE TIPS」
https://www.georgia.jp/spn/european/topix/1.html

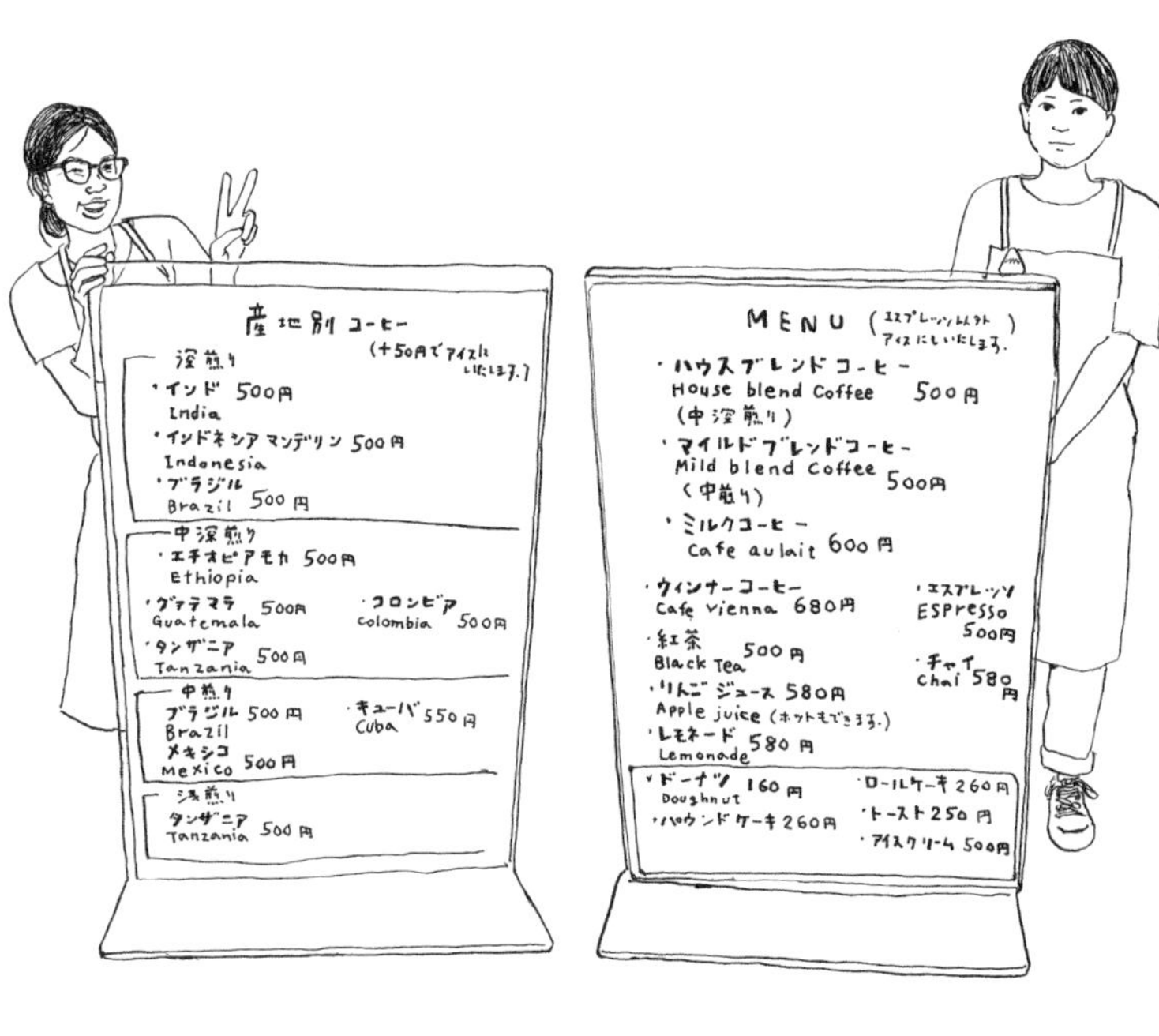
産地別コーヒー
(+50円でアイスにいたします。)
深煎り
・インド 500円
India
・インドネシア マンデリン 500円
Indonesia
・ブラジル
Brazil 500円
中深煎り
・エチオピアモカ 500円
Ethiopia
・グァテマラ 500円
Guatemala
・コロンビア
Colombia 500円
・タンザニア 500円
Tanzania
中煎り
ブラジル 500円
Brazil
メキシコ 500円
Mexico
・キューバ 550円
Cuba
浅煎り
タンザニア 500円
Tanzania
MENU (エスプレッソ以外アイスにいたします。)
・ハウスブレンドコーヒー
House blend Coffee 500円
(中深煎り)
・マイルドブレンドコーヒー
Mild blend Coffee 500円
(中煎り)
・ミルクコーヒー
Cafe aulait 600円
・ウィンナーコーヒー
Cafe vienna 680円
・エスプレッソ
ESPresso 500円
・紅茶
Black Tea 500円
・チャイ
Chai 580円
・りんごジュース 580円
Apple juice (ホットもできます。)
・レモネード
Lemonade 580円
・ドーナツ 160円
Doughnut
・パウンドケーキ 260円
・ロールケーキ 260円
・トースト 250円
・アイスクリーム 500円

**六曜社珈琲店**
京都市中京区河原町三条下ル大黒町40
1階店：075−221−3820
地下店：075−241−3026

**樺山 聡**（かばやま・さとる）
京都新聞社社会部などを経て2020年春から文化部編集委員。2015年夏に京都新聞で連載「六曜社物語　ちいさな喫茶店の戦後70年」を執筆した。京都の文化や美意識を伝えるネット配信サービス「THE KYOTO」のライターも務める。

京都・六曜社三代記　喫茶の一族
2020年9月1日　初版第1刷発行
2020年9月30日　初版第2刷発行

発行人　荒金 毅
編集人　稲盛有紀子
発行所　株式会社 京阪神エルマガジン社
〒550−8575 大阪市西区江戸堀1−10−8
パシフィックマークス肥後橋ビル4F
☎06−6446−7718（販売）
〒100−0011 東京都千代田区内幸町2−2−1
日本プレスセンタービル3F
☎03−6457−9762（編集）
www.Lmagazine.jp

印刷・製本　株式会社 シナノパブリッシングプレス


ISBN 978-4-87435-629-6 C0095